MARTINHO DA VILA
REFLEXOS NO ESPELHO

COPYRIGHT © 2018
Helena Theodoro

EDITORAS
Cristina Fernandes Warth
Mariana Warth

COORDENAÇÃO DE PRODUÇÃO, PROJETO GRÁFICO, DIAGRAMAÇÃO E CAPA
Daniel Viana

PREPARAÇÃO DE ORIGINAIS E REVISÃO
Eneida D. Gaspar

CRÉDITOS FOTOGRÁFICOS:
Cristina Granato: página 180; *Januário Garcia*: página 110; *Acervo pessoal*: páginas 31, 66, 98, 108, 132, 135 e 136.

Todos os esforços foram feitos para identificar e obter autorização de uso dos detentores dos direitos autorais sobre imagens reproduzidas nesta obra. Caso tenha ocorrido algum erro de tal natureza, a editora está pronta a retificar e corrigir quaisquer omissões.

Este livro segue as novas regras do Acordo Ortográfico da Língua Portuguesa.

Todos os direitos reservados à Pallas Editora e Distribuidora Ltda. É vetada a reprodução por qualquer meio mecânico, eletrônico, xerográfico etc., sem a permissão por escrito da editora, de parte ou totalidade do material escrito.

CIP-BRASIL. CATALOGAÇÃO NA PUBLICAÇÃO
SINDICATO NACIONAL DOS EDITORES DE LIVROS, RJ

T355m

    Theodoro, Helena, 1967-
    Martinho da Vila : reflexos no espelho / Helena Theodoro. - 1. ed. - Rio de Janeiro : Pallas, 2018.
      240 p. ; 23 cm.

    ISBN 9788534705585

    1. Vila, Martinho da, 1938-. 2. Sambistas - Brasil - Biografia. I. Título.

18-53157   CDD: 789.281
                            CDU: 929:78.071

Meri Gleice Rodrigues de Souza - Bibliotecária CRB-7/6439

Pallas Editora e Distribuidora Ltda.
Rua Frederico de Albuquerque, 56 – Higienópolis
CEP 21050-840 – Rio de Janeiro – RJ
Tel./fax: 21 2270-0186
www.pallaseditora.com.br
pallas@pallaseditora.com.br

MARTINHO DA VILA
REFLEXOS NO ESPELHO

Helena Theodoro

Rio de Janeiro | 2018

Viva Eu!

O meu segundo natalício de 40 anos foi no carnaval passado, mas a festa continua.

Meus filhos artistas fazem shows em meu louvor e outros festejos acontecem. Teve até peça de teatro em minha homenagem.

Muito me sensibilizou ser tema de trabalhos escolares de alunos dos colégios estaduais do Rio, mas a maior honraria que recebo é este livro da Helena Theodoro.

Mário Quintana disse que "o livro tem a vantagem da a gente poder estar só e acompanhado" e aqui eu estou com os seus leitores, querida Helena.

Axé! Muito Axé!

agosto, 2018

Para o meu querido filho NEI, que desde muito cedo sentiu as agruras e prazeres de ser negro no Brasil; em nome da fé que tenho num FUTURO melhor para os meus netos Neinho e Larissa, construído como uma tênue teia nas manhãs suspensa, tecida com sonhos e muita paixão!

Para o companheiro de todas as horas, Fernando Jorge, que me estimulou e entendeu o uso de muitas horas de vida em comum necessárias ao término deste projeto.

8	**PREFÁCIO**
11	**APRESENTAÇÃO	LIVRO ASSENTADO NO DISCURSO ORAL**
13	**INTRODUÇÃO**
17	**CAPÍTULO I	O REFLEXO DAS ORIGENS**
27	1.1 Duas Barras: local do nascimento
34	1.2 Vila Isabel: local da criação
39	**CAPÍTULO II	A CONSTRUÇÃO DO SUCESSO**
40	2.1 Início de Carreira
44	2.2 Grêmio Recreativo e Escola de Samba Unidos de Vila Isabel
61	2.3 Afirmando identidades
71	**CAPÍTULO III	REFLEXÕES SOBRE O SUCESSO**
83	**CAPÍTULO IV	MAIS DEZ ANOS DE SUCESSO: 1980 A 1989**

SUMÁRIO

113	**CAPÍTULO V | REFLETINDO SOBRE OS ANOS 1990**
123	5.1 Samba e religiosidade
133	**CAPÍTULO VI | REFLEXOS NA FAMÍLIA**
134	6.1 Martinho visto por Mãe Teresa e irmã Elza
138	6.2 Martinho e Cléo
142	6.3 Cléo e Martinho
150	6.4 Filhos e Netos
156	6.5 Amigo e parceiro: Manuel Rui Monteiro
163	**CAPÍTULO VII | VIVENCIANDO UM NOVO SÉCULO**
178	7.1 Reflexos da obra
195	**BIBLIOGRAFIA**
197	**ANEXO | OBRAS DE MARTINHO E SEUS PARCEIROS**
197	Discos
223	Vídeos
229	Livros de Martinho da Vila

PREFÁCIO

Nos últimos anos tenho refletido sobre as conexões, um tanto difusas, sobre orelhas e prefácios de livros. Como presido por quatro anos a Academia Carioca de Letras, a intimidade com o meio literário e o amplo leque de novos relacionamentos com autores os mais diversificados, fizeram-me receber uma enxurrada de solicitações para o nobre (mas também grave) mister de recomendar livros em vias de irem ao prelo.

Por vezes, os quase obrigatórios encômios do apresentador têm que ficar pálidos, esquálidos, quase envergonhados, ante a qualidade duvidosa de alguns deles. Outros, não. A opulência do tema e a originalidade da forma produzem em mim um sutil sentimento de angústia, que se resume no fato de escrever muito mais que o recomendado. Ou seja, o perder-se na embriaguez de esticar o texto daquilo que cabe ser realçado ao leitor. Mas com parcimônia.

Este livro de Helena Theodoro me fez cair na quase armadilha de me estender mais do que deveria.

Tanto a qualidade do livro de Helena, quanto minha amizade, admiração e, sobretudo, intimidade que sempre mantive com a autora e seu biografado, me deixaram sem fôlego.

Quase tudo me é adoravelmente familiar. Quando não, em especial as teses de Helena – e são muitas, em defesa e ataque – a preconceitos malsãos. São assuntos comuns, com os quais sempre concordamos em debates. Temas que requalificam cânones como negritude, preconceitos, referências. Emparelhamos na indignação contra as injustiças impostas aos descendentes de escravos – e também, claro, exaltamos o diamante que reluz de seus ventres abençoados, a alma desnuda deste país miscigênico, por isso mesmo arrebatador.

Pois bem, caros leitores, quero testemunhar, e o faço sem meias palavras, que Helena Theodoro consolida aqui a amplidão de sua cultura acadêmica. Mas não só, ela a ultrapassa, fecundando-a com a paixão do sangue quente, espesso, generoso que irriga seu personagem. O grande brasileiro é muitíssimo merecedor do perfil que lhe traça uma autora torrencial. Sim, torrencial por tudo. Pelo acúmulo de saberes, pela dignidade em expô-los e defendê-los, pela pesquisa acadêmica minuciosa e por vezes até surpreendente.

Vejo agora, um tanto inquieto, que quase só me referi à autora, até aqui. Mas acudo-me de observação inicial: quando o livro é bom, não será tão somente bom para mim. Transborda-se em quebrantos de prazeres e estímulos literários.

Martinho da Vila é afeto antigo. Mais que isso, amizade crestada em fogo de meio século. Que me provoca sempre respeito e admiração, consolidados a cada disco, a cada música, a cada apresentação no Brasil ou no exterior.

Helena Theodoro recorda-me, nas muitas páginas que vêm por aí, eventos que foram comuns a mim e a meu compadre Martinho, inclusive um de que já nem mais me lembrava, o show-protesto **Nem todo crioulo é doido**, a insistir que crioulo e negritude nunca foram doidos. Muitíssimo ao contrário. Celebrou-se no palco do teatro uma culminância que fez muita gente chorar, o João da Baiana dançando o miudinho divinamente, e tocando sua criação percussiva, o ancestral prato e faca.

Muitas, muitíssimas outras convergências de ações, de ideias, de vida, uniram-me a Martinho, laços consolidados, e para sempre, ao receber dele e de Cléo, minha amiga (e anjo da guarda do artista), o orgulho de levar à pia batismal a caçula do clã, a Alegria, cujo nome sintetiza tudo isso... e o céu também.

Martinho, o doce mas firme personagem, o amigo correto, o artista cujas entranhas são guardiãs da essencialidade do Brasil. Do grito da verdade. Da ternura do povo.

O Martinho que conheci com vinte e cinco anos ao iniciar a estruturação e o parto público do Museu da Imagem e do Som. Era então um terceiro sargento fardado a buscar e pesquisar Pixinguinha, Donga ou Ismael e Jacob.

O Martinho de quem gravei o primeiro Samba-Enredo para elepê histórico do MIS, o seu Quatro séculos de modas e costumes (1968). O Martinho para quem dirigi o show – ícone (e único) do Canecão, quando foi contemplado com o prêmio Shell (1972). O Martinho a quem também acudi (junto com Antonio Pitanga), na direção do Concerto Negro no Theatro Municipal. O Martinho que celebrou 70 anos no Largo da Mãe do Bispo, sede histórica do Instituto Cravo Albin. O Martinho que conduzi à imortalidade literária na Academia Carioca de Letras.

Não à toa, o Martinho de minhas exaltações pelo essencial da alma do povo. De sua ternura. De seus sussurros e graças transformadores. Agora o Martinho inteiro de Helena Theodoro. Nas mãos de todos nós.

Ricardo Cravo Albin
Rio de Janeiro, 16 de Janeiro de 2018.

APRESENTAÇÃO

LIVRO ASSENTADO NO DISCURSO ORAL

É documento histórico o livro de Helena Theodoro sobre mestre Martinho da Vila. A obra adentra as origens, a carreira e, principalmente, a intimidade do artista e intelectual que está sob holofotes há meio século. Esmiúça shows e discografia do cantor e compositor; passeia pelos carnavais da Unidos de Vila Isabel, agremiação carioca da qual Martinho é presidente de honra; visita parcerias; ensina sobre história e tradições afro-brasileiras.

Helena é mestre em educação e doutora em filosofia, professora, pesquisadora de cultura afro-brasileira, escritora. Na biografia de Martinho, construída ao longo de 30 anos de convivência, a autora subverte literatura e oralidade. "Martinho da Vila: reflexos no espelho" é livro assentado no discurso oral, palavra falada materializada em papel. Não é por acaso que trechos inteiros são transcrições de conversas profundas com biografado, familiares e amigos. É privilégio de quem convive intensamente com o personagem retratado.

A obra é sensorial. Ativa visão e audição. Em vários momentos, ouve-se o livro. A narrativa é de quem conta um caso, sussurra um segredo. E a gente se pega ouvindo a voz de Martinho descrevendo peripécias, esmiuçando inspirações. Da parceria com um João Donato abstêmio e recém-convertido à religião, nasceu "Muita luz". Do inesperado encontro com uma quituteira baiana durante uma noitada em São Paulo com João Bosco, saiu "Odilê, Odilá". A primeira menstruação da terceira filha, Juliana, deu em "Salgueiro na avenida".

Com delicadeza, sem juízo de valor, Helena não foge de assuntos polêmicos, como o casamento com Cléo, quarta mulher e mãe dos filhos caçulas de Martinho, Preto e Alegria. Quando o romance começou, ela tinha 15 anos, ele, 48. Casaram-se no civil e no religioso quase sete anos depois de se conhecerem. Em 2018, fazem bodas de prata.

Martinho e Helena ensinam muito sobre ancestralidade, negritude, racismo. Mergulham na cultura negra e escancaram o processo civilizatório ainda hoje invisível aos olhos de tantos no país. Circulam pela religiosidade, pelas festas populares, danças, comidas e aspirações que forjaram o artista, o militante, o cidadão Martinho da Vila. E também o Brasil. Essa quizomba é nossa constituição. Sirvam-se.

Flávia Oliveira

INTRODUÇÃO

Falar de Martinho José Ferreira, o Martinho da Vila, nos faz falar da pluralidade cultural do país, além de analisar a força de axé dos ancestrais e dos orixás, revivendo a fé na vida, na comunidade e na família, passando obrigatoriamente pelo estudo da identidade cultural do país, em suas vertentes étnicas e culturais. Focalizar as ideias e propostas deste poeta é trazer um exemplo vivo de cidadania, de descolonização cultural e de um brasileiro orgulhoso de si mesmo por refletir a cultura de seus ancestrais.

Na verdade, desde 1985, ao fazer minha tese de doutorado sobre o ideal de pessoa humana na cultura negra e suas implicações com a moral social brasileira, enfoquei Martinho como um dos exemplos de axé e vida, já que há muito pensava no negro brasileiro em seu espaço, com suas emoções e realizações, encontrando no Zé Ferreira uma síntese desse homem, pleno de elementos necessários às minhas reflexões. Assim, as ideias aqui reunidas foram amadurecendo ao longo dos últimos trinta anos, com muitos encontros gravados em minha casa, em casa de Martinho, em Duas Barras e até mesmo em sua casa de Friburgo, além de algumas entrevistas em minhas atividades como técnica de comunicação social da Rádio MEC-AM. Martinho José Ferreira, o *Martinho da Vida*, não foi uma escolha casual. Estava escrito nas estrelas que, ao alcançar minha maturidade como pessoa, estaria refletindo em meus trabalhos a preocupação com um exame mais aprofundado do respeito e da aceitação de alteridades e com a compreensão da participação de sistemas próprios oriundos da continuidade de valores transcendentes da civilização e tradição africanas no Brasil, além de analisar sua singularidade, complexidade institucional e a pluralidade real e cotidiana que atravessa nossa história. Os mais de cinquenta anos de carreira, e os quase oitenta de vivência do artista (na época da finalização deste livro, em 2017), por sua originalidade e enfoque político, possibilitaram uma avaliação de meus papéis nesta pluralidade cultural em que estamos mergulhados, abrindo novos horizontes para outras percepções da cultura brasileira, por mostrá-lo como pessoa possuidora de um éthos[1] oriundo das comunidades-terreiros, como se pode constatar em seu depoimento de junho de 1984, para minha tese de doutorado:

> Nunca pensei muito no que represento. Porém, com o passar do tempo, querendo ou não, a gente vai sentindo a força de viver com as pessoas que sofrem conosco e isto aumenta cada vez mais a nossa responsabilidade pessoal. Cada um de nós é uma coletividade, responde por outros. Quanto maior for a família, maior força ou Axé você terá, porque AXÉ é uma ENERGIA que emana das pessoas que estão ao seu redor.
>
> Quanto maior for a corrente, maior a capacidade de realização pessoal, de criação!

Os registros feitos pelo artista no seu *Kizombas, andanças e festanças* (1992) e no livro infantil *Vamos brincar de política?* (1986) revelam a abrangência de seu trabalho. A explosão literária se revela em *Joana e Joanes* (1999), *Ópera negra* (2001), *Memórias póstumas de Teresa de Jesus* (2003), *Os lusófonos* (2006), *Vermelho 17* (2007) e muitos outros.

As longas conversas que tivemos, ao longo desses anos, são verdadeiras lições de vida e cultura. Desta forma, falar deste compositor, poeta, escritor e amigo não é apenas um registro precioso, mas, segundo a tradição nagô, é o estudo de uma história de vida da qual extraímos sabedoria, lições e valores.

---

[1] Conjunto de comportamentos e traços culturais característicos de um grupo, povo ou sociedade, sendo, no texto, uma maneira NEGRA DE SER. Estabelece e proporciona uma ética própria, imprimindo formas específicas de relações sociais, estipulando formas singulares de organização e hierarquias, além de estimular a vida comunal com padrões estéticos peculiares e formas de comunicação específicas.

Já nas primeiras linhas do Capítulo 1 do livro *Kizombas, andanças e festanças* (1998, p. 19), Martinho revela sua maneira peculiar de ver o mundo:

> Que bonito deve ser um país sem preconceito cultural! Todo profissional de criação, entendendo ou não, gostando ou não, deve respeitar a criatividade popular. Misturar culturas é sempre bom. Criar exige um sacrifício, uma abnegação, uma vontade de despretensiosamente colaborar com a humanidade. Não basta ler, pensar. Tem-se que participar, batalhar pela concretização dos sonhos.

Desta forma, a obra de Martinho José Ferreira nos permite mergulhar profundamente na realidade brasileira, em seu imaginário social, principalmente no que tange às nossas bases africanas e à sua capacidade de transformar, criar e valorizar a cultura do povo brasileiro.

Sempre tomamos como modelo a Europa, de valores estranhos a nós. É preciso assumir o terreiro como modelo, a África como nossa Grécia, tal qual faz o Zé Ferreira, provando que o mundo reconhece quem se reconhece!

A autora

CAPÍTULO I

O REFLEXO DAS ORIGENS

Ao refletir sobre o processo civilizatório africano no Brasil, visto como um sistema religioso e político, complementar ao processo civilizatório europeu, constatamos como é fundamental se entender o fortalecimento da identidade e dos laços comunitários que possibilitaram maior coesão grupal, pela aceitação da diversidade e ampliação do axé ou força de vida. Verificamos, assim, que as origens religiosas, que através das comunidades-terreiros preservaram as culturas dos diferentes grupamentos étnicos, construíram a nação brasileira, mostrando-se presentes em todos os aspectos do cotidiano. Desta forma, lidar com a cultura negra referenciada por Martinho é lidar com um aqui e um agora, que perpassam os diferentes momentos de nossa existência e que se apoiam no ontem, numa ancestralidade forte, guerreira e criativa, que nos oferece a certeza do que vem, pois se projeta no amanhã.

Ao mergulhar na cultura negra descortinamos todo um processo civilizatório que precisa ser conhecido, entendido e trabalhado, fazendo com que um novo olhar seja lançado sobre o cotidiano de todos nós, que sempre lidamos com a invisibilidade das características culturais de base africana em nosso país. Impossível seria analisar a obra de Martinho da Vila sem falar de religiosidade, das festas populares, danças, comidas e aspirações de cidadania de nosso povo.

A cultura negra, por apresentar uma estreita relação entre Arte e Vida, faz com que exista uma profunda ligação das diversas formas de manifestação artística com os fatores sociais, históricos e culturais específicos das comunidades em que surgiram e onde se desenvolveram.

Importante frisar, porém, que a cultura brasileira vai se formar de uma vasta contribuição das culturas negras, provenientes de diferentes etnias, que explodem em diferentes espaços, seja no mercado, seja na cozinha, no barracão, na equipe de costura, na organização de festas e recepções, onde as propostas para o feminino e o masculino se delineiam, segundo os seus papéis arquetípicos ditados por mitos africanos, que nutrem, organizam e criam cultura.

Desde o início do período colonial, grupos de origem banta concentravam-se no Rio de Janeiro, provenientes do Congo e de Angola, bem como em São Paulo, Espírito Santo e Minas Gerais. No Rio desenvolveram-se dois tipos de cultos:

a. Segundo padrões basicamente africanos: o candomblé de Angola ou candomblé do Congo, posteriormente influenciado pelos nagôs da Nigéria;
b. Segundo padrões variados, apesar da base africana: o candomblé de caboclo, a umbanda e a quimbanda.

A partir da segunda metade do século XIX, um número considerável de negros baianos, formado de ex-escravos e seus descendentes, veio para o Rio, passando a viver nos bairros do centro da cidade, como Saúde, Gamboa e Santo Cristo. Nesta área, como conta Mestre Agenor Miranda (ROCHA, 1994), surgiram as primeiras casas de candomblé carioca, como a de João Alabá de Omulu, na rua Barão de São Felix, Saúde. Nesse terreiro foram iniciadas Tia Ciata e Carmen do Xibuca.

Muitos estudiosos já escreveram em suas crônicas sobre os negros islamizados que rezavam em árabe, os vendedores de erva, as rezadeiras, os adivinhos, os cantadores, descrevendo o contingente baiano que chegou ao Rio de Janeiro no final do século XIX, atraído pelas oportunidades que a cidade oferecia. Esses migrantes são os que viviam perto do Cais do Porto, Saúde e Gamboa, onde a moradia era mais barata e onde já se localizavam outros grupos negros. Formaram a comunidade conhecida como a Pequena África, onde preservavam as manifestações culturais de seus ancestrais.

A contribuição desses baianos se eternizou na umbanda carioca, que recria os cultos bantos sob o panteon dos orixás iorubás, permitindo que uma estrutura de aldeia se preserve na cidade, enraizada na sua cultura, no inconsciente coletivo de seu povo e no samba, transformado em música síntese da brasilidade.

Podemos observar que aqui, tal como na África, a divisão sexual do trabalho ocorria, sendo que as mulheres dominavam o comércio de rua, devidamente organizadas para tal, e os homens se ocupavam, principalmente, da estiva, de cargas e transportes.

Durante o trabalho, homens e mulheres se expressavam com ritmo e cânticos próprios, anunciando pelas ruas sua afirmação existencial. O canto possibilitava ainda o comércio dos mais variados produtos, atraindo a clientela para o que era produzido no local.

O uso do canto promovia coesão social, tendo-se iniciado em Salvador, onde se fazia até a eleição do chefe ou *capitão do canto*.

Manuel Querino (1955, p. 88) relata a importância deste cargo, já que, após a morte de um antigo capitão, outro era eleito por aclamação, seguindo o processo de escolha africano. A publicidade e confirmação do cargo era uma cerimônia em que o capitão era carregado pelos companheiros, num desfile acompanhado de canto e de ritmo, que podia ser jeje, nagô, hauçá, grunci etc. O capitão carregava na mão um ramo de folhas e uma garrafa de aguardente, usada para a realização de certos preceitos, quando recebia saudações de capitães de outros cantos, deixando cair algumas gotas na terra para umedecer os caminhos.

O caráter comunitário dos cantos se desdobrava nas juntas ou caixas de empréstimos, que visavam criar fundos para pagamento de alforrias. As juntas reproduziam instituições africanas e deram base econômica necessária para a construção das igrejas das "irmandades de homens de cor".

O canto na rua vai caracterizar, em todo o país, os afrodescendentes, apresentando formas diferenciadas, variando de lugar para lugar, mas servindo para contar a história dos ancestrais e manter a tradição do grupo.

Por conta disto, no ambiente excludente do pós-abolição, os afrodescendentes que, numa primeira acomodação, tinham se voltado para os guetos, nos morros do centro ou na periferia perto das estações do trem, ganharam uma primeira e precária visibilidade. Legitimados por uma crescente plateia com a participação da "sociedade oficial branca", apresentavam seus ranchos inicialmente no largo de São Domingos e depois na Praça Onze, tendo, em seguida, organizado cordões pelo Catete e Laranjeiras.

Um aspecto interessante sobre o grupo de afro-brasileiros que se aloja no Rio pós-abolição, sejam iorubás recém-chegados da Nigéria e aportados na Bahia, ou os bantos de Angola ou Congo, na cidade desde seus primórdios, é o enorme sucesso de alguns artistas negros no mercado de entretenimento, agora já estabelecido na cidade e que toma novo impulso com os primeiros filmes e discos feitos no país. O Rio consagra os protagonistas negros nos espetáculos, tanto em filmes como em discos, fazendo surgir estrelas como o palhaço e teatrólogo Benjamin de Oliveira, o também palhaço e compositor Eduardo das Neves, além do sambista Paulo da Portela, divulgados para todo o país pela Rádio Nacional.

Martinho situa a presença dos negros e suas moradias no Rio de Janeiro no seu livro *Ópera negra* (2001, p. 26-27), quando cita este samba de Jorginho Peçanha e faz comentários sobre a favela:

Numa vasta extensão
Onde não há plantação
Nem ninguém morando lá
Cada pobre que passa por ali
Só pensa em construir seu lar
E quando o primeiro começa
Os outros depressa procuram marcar
Seu pedacinho de terra pra morar
E assim a região
sofre modificação
Fica sendo chamada de a nova aquarela
E é aí que o lugar
Então passa a se chamar favela

Até hoje favela é o conjunto de habitações onde vive a população mais pobre do Rio de Janeiro. O termo origina-se da fava da faveleira, planta da família das euforbiáceas, arbusto das caatingas do Nordeste do Brasil, onde acamparam os soldados da Campanha de Canudos, revolta de jagunços liderada por Antonio Conselheiro contra os pecados do regime republicano. Ex-soldados da campanha, também carentes de moradias, estabeleceram-se num morro do centro do Rio de Janeiro que ficou conhecido como Morro da Favela. Desde então a palavra favela passou a ser usada como sinônimo de comunidades carentes, em sua maioria estabelecidas nas partes altas das cidades, sendo citada sempre nos meios de comunicação por suas características.

As mães e pais de santo são reverenciados, assim como as velhas rezadeiras, não só pela crença, mas principalmente pela ausência de assistência médica.

São muito queridos também os presidentes das Associações de Moradores e das Escolas de Samba ou blocos carnavalescos.

Apesar dos pesares, nas primeiras décadas após a abolição da escravatura, as favelas eram tranquilas. Desavenças havia, mas todas autocontornáveis porque polícia não subia morro. Em consequência, pessoas que tinham problemas com a Justiça por cometer algum delito, lá em cima se refugiavam e normalmente se submetiam às normas das comunidades. Sambas antigos falam do encantamento e do lirismo da vida nas favelas.

Podem me prender, podem me bater,
podem até deixar-me sem comer,
que eu não mudo de opinião.
Daqui do morro eu não saio não.
("Opinião", Zé Keti)

Mangueira teu cenário é uma beleza
Que a natureza criou, ô... ô...
O morro com teus barracões de zinco,
Quando amanhece, que esplendor...
(Hino – "Exaltação à Mangueira", Enéas Brites da Silva e Aloísio A. da Costa)

Hoje não dá mais pra fazer sambas que exaltem a vida na favela.

Tudo mudou quando foram instalados no morro os pontos de venda de drogas, antes usadas somente pelas classes média e alta da cidade.

É uma vergonha nacional haver ainda, nos dias de hoje, aglomerados de barracos em condições sub-humanas.

Martinho buscou valorizar todas as formas da resistência cultural negra, lidando com o universo de Paulo da Portela, Donga, Pixinguinha e João da Baiana, o chamado mundo do samba. Para entender este universo, precisamos mergulhar em suas histórias.

Imaginem numa cidade pequena, o rebuliço que causaria, se uma pessoa saísse às ruas sozinha, tocando um bumbo... Assim surgiu aqui no Rio o "zé-pereira", nome dado ao zabumba em Portugal, em meados do século XIX. Segundo versão muito divulgada, um certo José Nogueira de Azevedo Paredes é apontado como o primeiro. Acidentes da vida que não vêm ao caso fizeram Nogueira procurar o Rio de Janeiro, onde, à Rua São José, 22, abriu modesta oficina de sapateiro.

Foi ali que, numa segunda-feira de carnaval, Nogueira, em amistosa palestra com alguns patrícios, recordando-se das romarias de sua terra natal, lembrando do zabumba em Portugal, tocado nas festas e procissões, resolveu sair à rua com os amigos, ao som de um zabumba alugado às pressas, fazendo uma passeata na frente de casa. O sucesso foi total e já no ano seguinte apareceram os imitadores, mas nenhum deles levou de vencido o zé-pereira original, que se distinguia ao longe pela certeza das pancadas no bumbo. Cuícas, tamborins, pandeiros, frigideiras são os seus herdeiros, os acompanhantes dos blocos de "sujos" que presentemente enchem de alegria e ritmos as ruas cariocas.

Os cordões surgiram dos zés-pereiras, sendo grupos de foliões animados. Os estandartes eram o ponto principal na vida de um cordão. Pela sua confecção, pela maneira como seriam apresentados, os associados de um clube muitas vezes brigavam de fato. Pintados ou bordados à mão, com fios de ouro e alegorias, os estandartes representavam tanto para os cordões, que os jornais chegavam a descrever suas minúcias. Os cordões mantinham entre si uma séria rivalidade que, no fundo, constituía um estímulo para o capricho e o brilho de cada um. Os estandartes representavam a ancestralidade do grupo e se mantiveram nos ranchos e afoxés, virando bandeira nas escolas de samba.

O rancho, de origem proletária, organizado pelos baianos e apoiado por intelectuais, contém a semente da origem das escolas de samba por incluir em seus cortejos: um enredo (sem a obrigatoriedade de ser nacional), comissão de frente, bateria com instrumentos de percussão e sopro, mestre-sala e porta-estandarte. Os ranchos surgem no fim do século XIX, alcançando seu ápice nas décadas de 20 e 30 do século XX. Eles proliferaram no Rio de Janeiro e se tornaram pontos de aglutinação dos baianos recém-chegados à cidade, que se transformaram em grandes destaques como figuras de mestre-sala e porta-estandarte, portando os emblemas e cores dos orixás. Famosos mestres-salas foram iniciados por Hilário Jovino, Getúlio Marinho e Germano, tais como Teodoro, Maria Adamastor, Marinho da Costa Jumbeba etc.

Em 1941, desaparece o principal representante dos ranchos: o Ameno Resedá. Segundo Eneida (MORAES, 1958), os ranchos surgiram caracterizados pelo folclore nordestino e pelo cantar de chulas acompanhadas de violões, ganzás, pratos, castanholas e flautas – destacando-se os Decididos de Quintino. O conjunto instrumental era acrescido por instrumentos de cordas (violões e cavaquinhos) e sopro (flautas e clarinetes). Ao mesmo tempo surgia o coro, para entoar a marcha do rancho. Havia um porta-estandarte e três mestres: um de harmonia para a orquestra, outro de canto para o coro e um terceiro chamado de sala, para se ocupar com a parte coreográfica.

Assim como em Salvador, onde encontramos o samba de roda do Recôncavo, os afoxés e os blocos afro, no Rio de Janeiro, Hilário Jovino inventa o desfile dos ranchos, que tinha o seu ponto alto na Lapinha, onde residia Bebiana de Iansã. Ela estimulou esta ocupação de espaços e, junto com Tia Ciata, tornou as baianas figuras indispensáveis na vida cultural da cidade. Como no futebol, a participação do negro no carnaval carioca, já que o Rio de Janeiro, por ser capital, nacionalizava suas ocorrências, dá uma nova substância à festa, provocando um rearranjo nas formas de participação dos diversos setores da sociedade.

Os blocos expressam a espontaneidade do carioca. As escolas de samba também derivaram dos blocos: o bloco dos Arengueiros deu origem à Mangueira, e o Vai como Pode, à Portela, por exemplo. Do "bloco do eu sozinho", do zé-pereira, ao bloco de sujo, os blocos vão se organizando, embalados pela religiosidade e pelas tradições negras e europeias. Em 1965 os blocos se tornaram oficiais, dividindo-se em de enredo e de embalo.

O radialista Rubem Confete, falando do samba em depoimento dado para a pesquisa em que participei no Centro Cultural Cartola para o IPHAN sobre Matrizes do samba no Rio de Janeiro, em 2007, afirmou:

> O samba não tem uma só liderança. Ele caracteriza o grupo e cresce como um grupo, que reza e se diverte usando a sua capacidade de produzir arte.
>
> É um fenômeno que tem uma explicação na energia que vem do culto às almas, da gira de Preto Velho e Caboclo, e vai até o culto aos orixás das casas de omolokô, da tradição religiosa de base africana. Foi assim que nasceu a Portela, da energia de Seu Napoleão Nascimento, que era o pai do Natal. No Estácio, foi da energia de Tancredo da Silva, grande pai de santo de omolokô. Na Mangueira, Dona Maria da Fé foi estimulada por Elói Antero Dias para que criassem uma escola de samba. Antes de fundar o Império Serrano, o Sr. Elói fundou o

Deixa Malhar, no Baixo Tijuca, onde é hoje a rua Almirante Cândido Brasil. O Elói Antero Dias, que assessorava Getúlio Vargas com alguns outros pais de santo, foi incentivado por Getúlio a criar uma escola de samba para competir com Paulo da Portela, que tinha entrado para o partido comunista, querendo provar que o samba era um gênero musical de sociabilidade. O Salgueiro também contou com a liderança do Calça Larga e dos pais de santo para a criação da escola. Não se pode desassociar o aspecto religioso da preservação do samba carioca. Vó Teresa, mãe de Fuleiro, bem como Vovó Joana Rezadeira, mãe de Darci do Jongo, deram apoio à fundação do Império Serrano, bem como Antônio Rufino, que era jongueiro, participou da criação da Portela.

A gravação do primeiro samba a fazer grande sucesso, o "Pelo telefone", em 1917, completando a articulação lundu – maxixe – samba, sucesso absoluto no carnaval, é acompanhada por rumorosos e emblemáticos acontecimentos. Sua criação coletiva se dá numa reunião do rancho Rosa Branca na casa de Tia Ciata, presentes, além da própria, Hilário Jovino, o emergente Sinhô, Donga dos Oito Batutas e outros. Donga registra o samba.

Na virada dos anos 1920, Sinhô, pianista do clube Kananga do Japão, começa a dominar como compositor nos carnavais, juntamente com outros compositores como Caninha e Eduardo Souto, quando, ainda num momento de adaptação às normas da indústria cultural, as músicas eram ainda "que nem passarinho: é de quem pegar". Juntamente ao samba produzido por profissionais do entretenimento, surge no carnaval a marcha, transcendência carioca de músicas negras norte-americanas como o one-step, o ragtime, o charleston. Mas, como muitos anos depois comentou Cartola sobre aqueles tempos, em depoimento ao Museu da Imagem e do Som, não havia um interesse da sociedade pelo pessoal do morro e nem eles se importavam com o povo da cidade, pois tinham vidas próprias, absolutamente distintas.

Na verdade, o próprio nacionalismo exacerbado utilizado por Vargas como instrumento de governo, e a falta de signos potencialmente utilizáveis na construção de uma identidade nacional própria nas elites nacionais internacionalizadas, favoreceriam as primeiras organizações de sambistas que se reúnem por volta de 1928 no Estácio, em Oswaldo Cruz e nos morros da Favela e da Mangueira. O próprio termo "escolas" de samba refletiria as expectativas e a responsabilidade dessas primeiras comunidades populares que ganham estabilidade nessas formas de organização.

O próprio Sinhô nomeava de "romances pedagógicos" algumas de suas composições, compreendendo o samba como ato pedagógico e lhe dando um sentido difuso de missão.

As escolas se reúnem em desfiles patrocinados pelo festeiro e pai de santo Zé Espinguela, todas recebem troféus, se visitam, se homenageiam, desfilando na Praça Onze de Junho com um desdobramento da estrutura dos ranchos negros com uma música mais quente. As comunidades exultam. A Mangueira, onde existiam pequenos núcleos separados de moradores, com a escola ganha um nexo de coletividade comum. A corda marcando os limites do desfile na verdade era uma proteção contra a polícia e funciona. O Pequeno Carnaval acontecia separado.

Em 1930 morre Sinhô e aparece Noel Rosa, que, junto com outros compositores de classe média, dominaria o carnaval na década. A partir de 1932, o prefeito Pedro Ernesto começa o processo de oficialização do carnaval das escolas de samba, o Estado dando legitimidade, subvencionando e premiando, mas impondo formas de organização inclusive do desfile e um temário vinculado à história oficial do país.

Num segundo movimento de acomodação para as massas negras favelizadas, dessa vez capitaneada pelo Estado varguista, juntamente com a absorção dos negros pelo mercado de trabalho com o desenvolvimento da indústria, sua música passaria a ser difundida pelo primeiro sistema nacional de informação e entretenimento, a Rádio Nacional.

O carnaval das escolas progressivamente viria para o centro das celebrações, já de responsabilidade de uma Secretaria de Turismo, da mesma forma como os negros tinham sido aceitos nos times de futebol de primeira linha pela decretação do profissionalismo em 1933.

Foi nesse momento da vida brasileira e, particularmente, da efervescência da cultura negra que em 1938 nasceu Martinho da Vila. Martinho aliou toda a pluralidade cultural de suas vivências no Rio de Janeiro com as manifestações culturais de Duas Barras, onde nasceu.

1.1 Duas Barras: local do nascimento

A denominação deste pequeno município do Rio de Janeiro se deve ao fato da cidade estar localizada entre as barras (desembocaduras) resultantes do encontro do rio Negro com o rio Resende e mais à frente com o córrego do Baú. Para se chegar lá passamos por uma estrada ladeada por pastos, pequenas lavouras, granjas, açudes e por uma arquitetura suntuosa, que o tempo não conseguiu apagar. São casas de fazendas antigas, que datam do século XIX.

Entrar na cidade é como estar numa máquina do tempo: a praça e ao fundo a igreja, que possui um relógio que mostra que o tempo não parou, apesar do cenário dizer o contrário. As casas antigas ao redor da praça arborizada, enfeitada por bancos acolhedores, nos oferecem o gorjeio dos passarinhos, completando o cenário. Neste espaço bucólico, romântico e tranquilo, num dia 12 de fevereiro de 1938, nasceu Martinho, filho de Dona Tereza e seu Josué, neto de Bento José da Silva e Serafina Maria da Conceição, avós que não conheceu, e de Martinho José Ferreira e Procópia Maria da Conceição Ferreira, com quem conviveu algum tempo. Seus pais eram lavradores da Fazenda do Cedro Grande, onde nasceu. Dessa vivência bucólica, onde permaneceu até os quatro anos e para onde retornou aos dezoito, guarda a lembrança da cidade em festa e de uma época em que o café fez a fortuna de muitos fazendeiros no distrito de Cantagalo, em sua grande maioria suíços procedentes do Cantão de Fribourg.

Já famoso, em 1991, cantou no centenário de emancipação do Município de Duas Barras, que o recebeu com uma grande festa. As comemorações oficiais, que duraram cinco dias, começaram no dia 8 de maio de 1991, às cinco horas da manhã, com alvorada festiva, repique de sinos, espocar de fogos e muita música percorrendo as ruas da cidade. Duas Barras inaugurou a exposição **Martinho que também é da Vila de Duas Barras**, que retratou a trajetória artística deste bibarrense. A noite do dia 10 de maio ficou por conta de Martinho, que cantou para o seu povo, no campo do Bibarrense A. C. A festa do centenário modificou a rotina da cidade, que passou a ser destaque em todo o país pela presença de Martinho, que adquiriu a fazenda em que nasceu, que, na época, estava à venda, transformando-a no seu *Off Rio*.

Meu Off Rio
(Martinho da Vila)

Nos arredores, Cantagalo, Teresópolis
Nova Friburgo e Bom Jardim, bem no caminho
Meu off Rio tem um clima de montanha
E os bons ares vêm da serra de Petrópolis
É um lugar especial
Para quem é sentimental
E aprecia um gostoso bacalhau
O galo canta de madrugada
E a bandinha toca na praça
Na entrada há um vale
Que é encantado
Tem cavalgada, tem procissão
As cachoeiras principais de lá são duas
E a barra é limpa porque lá não tem ladrão
Tomo cachaça com os amigos
Lá em Cachoeira Alta
E na Queda do Tadeu, churrasco ao lago
Pra ir pro Carmo
Tem muita curva
E a preguiça então me faz ficar na praça
Eu nem preciso trancar o carro
A chave fica na ignição
A minha Vila fica meio enciumada
Se eu pego estrada e vou correndo para lá
Se alguém pergunta, eu não digo
Onde fica o tal lugar
Mas canto um samba para quem adivinhar.

Em Duas Barras é muito comum o festival da folia de reis, também conhecido por reisado.

O reisado conjuga a preservação da ancestralidade negro-indígena com a ancestralidade cristã. A festa foi trazida ao Brasil pelos portugueses, que a comemoravam em sua terra mais como divertimento. Entre nós ela adquiriu o espírito religioso que conserva até hoje, sendo desenvolvida com características próprias e transformando-se em manifestação cultural de rara beleza. Seu início acontece no dia 24 de dezembro, véspera de Natal, prosseguindo até o dia 2 de fevereiro, período em que grupos festivos de pessoas saem cantando ao som de violão, sanfona, cavaquinho, pandeiro, reco-reco, pistão, chocalho, triângulo, tantãs e outros instrumentos, exaltando o Deus Menino e percorrendo as ruas da zona urbana, indo de porta em porta em busca de oferendas que podem variar de um prato de comida a uma xícara de café. É a chamada "banda de folia de reis", ou "música de folia de reis". Quando ela passa por sítios e fazendas da zona rural, tem o nome de "caixa de folia de reis". O chefe do grupo é denominado "alferes de folia de reis", e eles seguem seu caminho representando pequenas peças teatrais e cantando à porta das casas, cujos moradores lhes oferecem comida, bebida e esmolas que serão utilizadas no dia de Reis, considerado o dia da gratidão.

Afirma Marco Aurélio Luz (1995) que o culto aos ancestrais marca a continuidade do processo civilizatório negro. Através das referências históricas presentes na liturgia dos ancestrais da realeza nagô, preserva-se a memória social e pessoal do grupo. Referências à realeza estão presentes, também, na afamada Casa das Minas do Maranhão, que indicam as origens do terreiro ligadas à vinda de parentes do Rei Ghezo ao Brasil, bem como na gira ritual da Umbanda, onde se afirmam ancestrais ilustres como: Pai Joaquim de Angola, Vovó Maria Conga, Vovó Cabinda etc. Assim, pode-se observar nos pontos (cantigas rituais) a relação da ancestralidade com a realeza. Por sua vez, os Caboclos são cultuados como ancestrais dos índios brasileiros, de acordo com a liturgia africana, tendo por fundamento o fato dos índios terem sido os primeiros ocupantes do território brasileiro, sendo cultuados, assim, como ancestrais fundadores de um território.

Na folia de reis encontramos doze personagens que são representados por doze pessoas, todas trajando roupas bastante coloridas, sendo elas o mestre e o contramestre, donos de conhecimentos sobre a manifestação e líderes dos foliões; além do palhaço, dos foliões e dos três reis magos. O palhaço, usando vestimentas coloridas, deve proteger o Menino Jesus, confundindo os soldados de Herodes, sendo o seu jeito alegre e descontraído motivo para distração e divertimento dos assistentes; os foliões, geralmente homens simples e de origem rural, são os participantes da festa, dando exemplo grandioso através de sua cantoria de fé; por sua vez, os três reis magos fazem uma viagem de esperança, certos de que ela os levará ao encontro de sua estrela.

Ao som dos instrumentos musicais, os foliões efetuam longas caminhadas levando a "bandeira", um estandarte de madeira ornado com motivos religiosos, à qual tributam especial respeito. Vão liderados pelo mestre e o contramestre, figuras de relevância dentro da folia por conhecerem os preciosos versos, preservados de geração em geração por tradição oral. Alguns deles, colhidos em visita a Duas Barras, são os seguintes (com a fala original preservada):

– A esmola que vóis dá / Nois viemo arrecebê / O glorioso santo Reis / É quem vai agradecê.

– Santo Reis pede esmola / Não é ouro nem dinhêro / Ele pede um agitoru [adjutório] / Um alimento pros festero.

– Ó de casa, ó de casa / Alegra esse moradô / Que o glorioso santo Reis / Na sua porta chegô.

– Aqui está o santo Reis / Meia-noite foras dora [de hora] / Procurou vossa morada / Pedino a sua ismola.

– Sôr dono da casa / Vem abri as portaria / Recebê santo Reis / Com sua nobre folia.

– Sôr dono da casa / Alegra o seu coração / Arreceba santo Reis / Com todos os seus folião.

– Concluímo este canto / Fazeno o siná da cruz / Pade, Fio, Esprito Santo / Para sempre, amém Jesus.

– Santo Reis vai despedindo / Deixando muita saudade. / Vai deixando muita benção / Pro povo desta cidade.

Os foliões cumprem promessa de, por sete anos consecutivos, saírem com a folia, arrecadando em suas andanças donativos para realizarem anualmente, no dia 20 de janeiro, dia de São Sebastião, festa com cantorias e ladainhas. Bastante conhecida, a folia de reis é realizada no interior de São Paulo, Minas Gerais, Rio de Janeiro e Goiás, existindo diferenças no modo de cantar e dançar dos grupos que a representam.

Em Duas Barras ocorrem alguns festivais de folia de reis, que já aglutinaram mais de oitenta folias de municípios próximos. Martinho sempre acompanhou essa tradição cultural da cidade, que também tive oportunidade de apreciar duas vezes em sua companhia. Ele criou a música *Folia de Reis*, que conta todo o desenrolar do folguedo, gravada no LP **Meu laiaraiá** em 1970 e regravada no CD **O canto das lavadeiras**, de 1989.

A vinte e cinco de dezembro
Se reúnem os foliões
E vão pra rua
Bater caixa nos portões
Lá vão pandeiro, sanfoneiro, violões
Santo Reis aqui chegou ai, ai
(Pra visitar sua morada ai, ai, ai, ai)
Eles só voltam pra casa dias seis
Dia de Reis
Por sete anos se repete o ritual
Pra todo canto levam o bem, espantam o mal
Ô de casa, ô de fora
Ô de casa, ô de fora
Quem de dentro deve estar
Os de fora Santos Reis
Que lhes vieram visitar
Que vieram visitar, ai, ai
Na folia tem palhaço
Que faz verso e diabrura
Representa o tinhoso
Tentador das criaturas
Mas também tem a bandeira
A Bandeira do Divino
Mais atrás os três Reis Magos
Procurando o Deus Menino
Ô de casa, ô de fora...
Batem lá na sua porta
Pra pagar uma promessa
Levam mestre e contramestre
Pra poder cantar à beça
Dia vinte de janeiro
Eles dão uma festinha
Com viola, violeiro
Desafio e ladainha
Ô de casa, ô de fora...

Cléo, esposa, de Martinho, em entrevista conosco, fala um pouco desta relação de Martinho com Duas Barras.

O pessoal de Duas Barras é maravilhoso, todo mundo ama o Martinho, é um pessoal ótimo, todo mundo me adora, eu também adoro todo mundo, sendo que do prefeito ao peão, todos se orgulham do Martinho. Um dos melhores amigos dele foi o Seu Everardo que tinha o restaurante Rei do Bacalhau, que foi administrado pelo Paulo, seu filho, e que se tornou o cartão de visitas do lugar, mas que hoje já não existe mais.

Quando o Martinho faz show no Rio, é comum sair uma caravana de lá. Já foram também a shows em Belo Horizonte ou São Paulo...

A relação dos bibarrenses com Martinho é tão grande que o ex-Secretário de Cultura, Edson Felipe Machado, organizou o Museu do Martinho junto comigo: "Combinamos assim: você faz o Museu, eu me encarrego de trazer tudo para cá e você cuida." Daí eu saí catando coisas do Martinho e levando para Duas Barras. E tudo foi se avolumando, tantas peças que já não se tinha mais onde guardar. Passamos a armazenar as coisas na Fazendinha Cedro Grande, onde Martinho nasceu, e a transformamos no Instituto Cultural Martinho da Vila, que prioriza a alfabetização de adultos, e que hoje conta com o Edson Felipe Machado como diretor.

Mas os reflexos de Duas Barras não ficam só na promoção cultural e produção musical. A produção literária de Martinho reflete o município. *Joana e Joanes: um romance fluminense* retrata o clima bucólico do interior e todas as contradições existentes entre o campo e a cidade. O romance evidencia a vida no campo, descrevendo lugares e pessoas, relacionando uma letra de samba a cada capítulo, evidenciando, assim, que o samba trata das histórias do povo, revelando um universo específico, com uma cultura e uma forma sociais muito próprias... Descrevendo os arredores de Duas Barras, exalta a beleza da região serrana, com a peculiaridade do seu clima ameno e sua vegetação exuberante, situando as águas de Monerat, a tranquilidade de Campos, a comidinha mineira de São Fidélis, a beleza ecológica de Bom Jardim, além de dizer como é um gostoso e belo passeio se chegar a Duas Barras. Explica que fluminense é quem nasce em qualquer município pequeno do Estado do Rio de Janeiro, caracterizando Joana e Joanes como fluminenses de quatro

Casamento de Cléo e Martinho, em Duas Barras.

costados – terra, pedra, mato e riacho. Ao falar da cidade do Rio de Janeiro, conta todos os seus encantos, problemas e peculiaridades, destacando a beleza de Copacabana e a violência de nossos dias, além de situar, na ótica do morador, a vida na favela, revelada também como um lugar de encontro das pessoas, de solidariedade, de alegria de viver. Traz, ainda, os personagens ao universo do samba, com direito a feijoada em casa de Mestre Louro do Salgueiro e de homenagem do Mestre Mug, da bateria da Unidos de Vila Isabel.

Canta a vida, o amor e a eterna busca pela paz, que apresenta num último poema, que serve de abertura para o capítulo final:

Eterna paz
(Martinho da Vila, Candeia)
Como é bom adormecer
Com a consciência tranquila
As chuteiras penduradas
Depois do dever cumprido
Despertar num mundo livre e
Desprovido
Onde tudo é só amor
Coisas imateriais
Onde o medo não existe
Nem das encarnações
Pois as purgações da terra

São para se purificar
E se tornar ser abstrato,
Imaterializável
Até ser flor, luz que influi nas
Gerações
Sempre lutar pelas coisas
Em que se acredita
Mas tem que ser luta bonita
De ideais comuns
Quem não for justo e honesto
Nas coisas que faz
Jamais será flor que flui
Pra viver na eterna paz,
Jamais será luz que influi
Pra vida em eterna paz.

Toda a visão de mundo deste compositor, escritor, poeta aqui se mostra, revelando sua esperança no mundo, seu compromisso com as raízes de sua cultura e seu grande poder de participar da vida, modificando e transformando o nosso existir.

Em Duas Barras, Martinho entra em sintonia com a natureza, pescando no açude, mas, como ele sempre afirma, somente os peixes grandes, pois os pequeninos ele devolve para a água. Andar pela fazenda, em contato direto com os animais, é um prazer de que não abre mão, lá no seu *Off Rio*, bem como receber os amigos de fé, que viram parentes, na imensa família extensiva africana que construiu.

1.2 Vila Isabel: local da criação

Martinho veio muito pequeno para o Rio de Janeiro, onde fincou raízes no Lins de Vasconcelos e se consagrou no bairro carioca de Vila Isabel, criado em 3 de janeiro de 1872, quando o comerciante mineiro João Batista Viana Drumond comprou a então Fazenda dos Macacos e lhe deu o nome em homenagem à Princesa Isabel.

Desde então, a Vila foi palco de vários movimentos abolicionistas e até hoje guarda em suas ruas nomes de líderes importantes, como

Senador Nabuco, Visconde de Abaeté, Souza Franco, Conselheiro Paranaguá e Torres Homem. Martinho da Vila é mais um nome importante para o país, que se junta aos que já fazem parte da história oficial do bairro. Falar de Martinho é situar luta por liberdade e por identidade, e não é à toa que ele é o da Vila, pois um dos marcos do bairro, o Boulevard 28 de setembro, também traz na memória os passos para a liberdade dos negros no Brasil. A ideia do Boulevard 28 de setembro, assim como de toda a Vila Isabel, surgiu da cabeça do Barão João Batista Viana Drumond, que, para tocar a obra, chamou o engenheiro Francisco Bittencourt da Silva, que fez um levantamento do terreno e traçou o mapa. Como tudo na época, o Boulevard trouxe seu estilo da França, por seu traçado moderno e elegante. Já o nome veio do dia da assinatura da Lei do Ventre Livre, que dava liberdade a todos os filhos de escravos nascidos a partir daquela data. O próprio bairro homenageia a Princesa Isabel, que promulgou a lei. Inovadora, Vila Isabel não foi apenas o primeiro bairro planejado da cidade. Lá também foi instalado o primeiro zoológico do Rio de Janeiro, criado pela visão empreendedora do Barão de Drumond e que se tornou um sucesso imediato, inspirando, inclusive, o jogo do bicho, também criado pelo Barão dentro das leis da época. Foi no dia 28 de setembro de 1871 que a Princesa Isabel assinou a Lei do Ventre Livre, tornando livres todos os filhos de escravos nascidos a partir daquela data.

 Por conta de sua beleza natural, sua origem, sua história e suas lutas, Vila Isabel tornou-se uma fonte inesgotável de inspiração para os poetas. Até hoje costuma-se dizer que quem nasce em Vila Isabel se torna poeta. Um dos mais famosos é Noel Rosa, que nasceu no bairro em 11 de dezembro de 1910. E muitos outros foram revelados ali, na terra do Barão de Drumond, como Martinho da Vila, Orestes Barbosa, Pixinguinha, Braguinha, Antônio Nassara, João de Barro, Guilherme de Brito e Aldir Blanc. Estes são alguns dos inúmeros nomes que fizeram e ainda fazem a alegria dos corações brasileiros. Pelas calçadas onde surgiram algumas das mais famosas composições do cancioneiro brasileiro, estão várias delas, aliás, registradas no chão, em partituras desenhadas na calçada com pedras portuguesas. Quem teve essa ideia foi o arquiteto Orlando Madalena, em 1964, para comemorar os quatrocentos anos do Rio de Janeiro. Coube ao compositor Almirante escolher as músicas que ficariam gravadas no chão da Vila. São 20 ao todo, sendo que destacamos "Pelo telefone" (Donga e Mauro de Almeida), "Feitiço da Vila" (Noel Rosa e Vadico), "Aquarela do Brasil" (Ary Barroso), "Carinhoso" (Pixinguinha e João de Barro) e "Luar do sertão" (Catulo da Paixão Cearense e João Pernambuco).

Martinho foi criado na Serra dos Pretos Forros, lá pros lados do Lins, a partir dos quatro anos, tendo feito no SENAI o curso de Auxiliar de Químico Industrial, função que exerceu durante um tempo até servir o exército, onde atuou como Sargento Burocrata, tendo sido escrevente e contador.

Participou da escola de samba Aprendizes da Boca do Mato aos 13 anos. Aos 15 já compunha o samba de terreiro *Piquenique* e aos 19 iniciou a saga de seus sambas-enredo.

Já sambista, encontra Anália, jovem que gostava de cantar e que lhe deu três filhos: Martinho Antonio, Analimar e Mart'nália.

Mestre de samba-enredo e de samba de terreiro, se apaixona pela Vila Isabel, onde com Rodolfo ganha o samba contra treze compositores da escola. Vence o samba e ganha a namorada Lícia Caniné, que passou a ser companheira, musa inspiradora e que, também apaixonada pela Vila Isabel, chegou a ser presidente, virando Ruça, a da Vila. Com ela Martinho teve dois filhos: Juliana e o Antonio, João e Pedro.

Ao longo de sua vida teve oito filhos e é avô de dez netos, tendo se conservado solteiro até 13 de maio de 1993, quando se casou com Clediomar Corrêa Liscano Ferreira, a Cléo, com quem teve o Preto e a Alegria.

Sua vida artística começou no III Festival da Record, em 1967, onde concorreu com a música *Menina moça*, só obtendo sucesso, porém, em 1968 com a canção *Casa de Bamba*.

Faz sucesso, também, com sua literatura, sendo que em seu livro Kizomba, andanças e festanças (1998), encontramos um diálogo entre ele e Noel Rosa, de onde pinçamos um pequeno trecho que merece destaque:

– A Praça, que hoje se chama Barão de Drumond, foi batizada Praça Sete de Março, pois foi no famoso gabinete Sete de Março, do visconde do Rio Branco, onde foi votada a Lei Áurea. O Boulevard 28 de

Setembro homenageia a assinatura da Lei do Ventre Livre, feita em 28 de setembro de 1871.
– Que história, compadre Noel!
– Tem mais. Foi o primeiro bairro a se preocupar com a infância desamparada, inaugurando, com a presença do imperador Pedro II, o Asilo dos Meninos Desvalidos, por onde passaram o maestro Francisco Braga e o pistonista Paulino do Sacramento. Depois passou a se chamar Instituto Profissional João Alfredo. (p. 120)
[...]
– Mas, mano Martinho, aqui estamos em frente à Igreja de N. S. de Lourdes. Foi nela que eu me batizei. A paróquia de N. S. de Lourdes foi criada em 10 de agosto de 1900, lá na Praça Sete. Em 1918, já matriz, foi transferida para a 28 de Setembro. Externa e internamente é uma relíquia colonial. Todo o seu traçado simboliza uma cruz, tendo nos extremos o dogma Fé, Esperança e Caridade. No altar-mor, a imagem da Virgem de Lourdes, dentro da gruta, com uma devota a seus pés.
– Eu sei, Noel, e as roupas da santa são nos tons brancos e azuis.
– Sim, Martinho, como tudo lá em cima. (p. 124)

A obra de Martinho foi marcada por suas raízes, seja em Duas Barras, seja no Lins de Vasconcelos ou em Vila Isabel, como se pode observar em suas cinco décadas de carreira, conforme comentou em seu depoimento para este livro em 2015:

> A minha missão com a Unidos de Vila Isabel foi cumprida. A escola, que era pequena, cresceu comigo. Eu, modéstia à parte, fui o maior divulgador que a Vila já teve. Fiz sambas históricos, idealizei enredos e fiz de tudo para que ela fosse a Campeã do Centenário da Abolição com o tema Kizomba a Festa da Raça. Quando a escola caiu para o segundo grupo, muita gente se afastou, mas eu fiquei. Lutamos durante quatro anos e conseguimos colocá-la no seu lugar.
>
> A minha maior luta pela Vila foi para conseguir uma quadra de ensaios própria. Fiz de tudo para ficar com o antigo Campo do América F. C., onde ensaiávamos, e perdi a luta para o Shopping Iguatemi. Conseguimos um espaço na Escola Equador, mas perdemos. Batalhei junto aos governos do Moreira Franco e do Brizola para ocupar o terreno da antiga CTC e, por fim, agi com insistência junto ao secretariado do governo do Garotinho e depois com a amiga e governa-

dora Benedita da Silva, e consegui que me fosse cedido o espaço, na época ocupado pelo DETRAN, para eu fazer um Centro Cultural. O que ajudou muito na concessão foi ter ganho, do Oscar Niemeyer, um projeto arquitetônico, com um teatro, biblioteca, salas de aula para artesãos do carnaval, espaço para a memória do Noel Rosa e, obviamente, abrigar a Escola de Samba do bairro, em cuja quadra haveria dois palcos, um para a bateria nos ensaios e outro para grandes espetáculos. Aquele espaço foi arrendado a mim, poderia ser meu, mas eu convenci a Governadora Rosinha Garotinho para que o domínio ficasse com a Unidos de Vila Isabel. Com a eleição de uma nova diretoria, eu entreguei à escola o projeto de arquitetura todo detalhado, com maquete e tudo, mas até hoje não foi realizado, porém o meu objetivo principal foi alcançado – a Vila hoje tem quadra própria, em plena Avenida 28 de Setembro.

CAPÍTULO II — A CONSTRUÇÃO DO SUCESSO

2.1 Início de Carreira

Nessa primeira década, a obra de Martinho passou a refletir um universo muito pouco conhecido pela classe média brasileira. Estamos falando da vivência das escolas de samba. Martinho ajudou na transformação do processo cultural do país, mudando, inclusive, a concepção das gravadoras em relação aos discos de samba.

Martinho nos conta como foi este início de carreira:

No final dos anos 60, praticamente só o Ataulfo Alves gravava os seus sambas. Outros autores não. Produção de samba nunca faltou no Brasil, mas gravações não estavam acontecendo porque era a época do iê-iê-iê e da bossa nova, que é samba, mas não era vista assim. Quando eu classifiquei no Festival da Record em 67 a música *Menina moça*, um partido-alto, andaram dizendo que eu tinha, assim como a bossa, inventado um outro tipo de samba. Como o samba estava por baixo, tive a ideia de botar o samba do pessoal do morro no consumo e fui conversar com as gravadoras, com alguns projetos. Quando eu chegava a diretoria me recebia porque eu era "aquele cara do festival". Me davam ouvidos mas no final falavam assim: "Olha, Martinho, o momento agora não é desse som, o público não está nessa."

Fui a várias gravadoras com o meu principal projeto, um disco tipo "pau de sebo" como se fazia na época, isto é, várias pessoas gravavam no mesmo disco com a intenção de que uma faixa despontasse. No que eu bolei estariam representadas composições cantadas nas dez principais escolas daquele tempo. Os compositores mostrariam seus sambas e as pessoas que pretendiam ser intérpretes cantariam no disco. Não era o disco de um cantor, era um disco coletivo. Percorridas as grandes gravadoras, eu fui parar numa etiqueta chamada Codil onde o Osvaldo Nunes gravava. Eu fui lá na gravadora e o dono da Codil me falou o seguinte:

– Não está no tempo disso, mas se você quiser eu te dou o estúdio, te dou um técnico e você vai lá e grava. Nós não pagamos músico, coro, arranjo... nada. Só cedemos o estúdio e o técnico. Você faz lá uma fita demo, mas capricha para ficar uma fita bem boa. Depois veremos se lançamos ou não.

E me deram como técnico o Lourival Reis, o Vavá, e eu gastei mais do que tinha para executar o projeto. Eu era assalariado do

Exército. A turma dizia que iria de graça, mas eu tinha que pagar o lanche, às vezes almoço e sempre acabavam me pedindo dinheiro para a condução, uns trocados emprestados para uma coisa ou para outra de que necessitavam com a promessa de pagarem com o rendimento do disco. Eu estava com o nome no gibi do festival e todos achavam que eu nadava na grana. Gravamos o disco, cujo nome ia ser **Samba de Crioulo** e teria uma capa do Clovis Escarpino baseada no título, e eu escrevi um texto para a contracapa falando de samba de crioulo.

Nem todo crioulo é doido
MARTINHO DA VILA
e seus convidados

Papo firme:

Com SAMBA DE CRIOULO o morro desce colorido todo ano e vai para a Cidade alegrar o povo. Digo alegrar o povo, porque o ritmo contagiante do samba toma o lugar das tristezas da população no período de momo, e, pro sambista verdadeiro, desfile oficial é compromisso sério. Ele desce o morro em fevereiro como se fosse para uma guerra, só que a sua luta é de cores, de beleza, de arte, de cultura, pois – O sambista é um soldado/ Que defende as suas cores/ Com amor no coração/ Cada Ala é uma tropa/ Bateria é a banda/ e a Escola é um batalhão/ Sua farda é a fantasia/ A Avenida é o campo de batalha/ Seus tanques são as Alegorias/ E o samba é a sua metralha/ É uma guerra de beleza/ Da qual se participa com satisfação/ Quem perde fica com muita tristeza/ Mas quem ganha também chora de emoção.

Luto pelo samba desde menino. Vi nascer os Aprendizes da Boca do Mato, que é a melhor Escola de Samba do mundo, apesar de atualmente estar desfilando na Praça Onze. Na Boca eu fui Ritmista, Passista e Diretor de Harmonia; lá eu aprendi a ser partideiro e foi lá que eu fiz os meus melhores Sambas de Terreiro e quase montei uma História de Samba, particular, só na base do Samba-Enredo: CARLOS GOMES – TAMANDARÉ – MACHADO DE ASSIS – RUI BARBOSA – VULTOS DA INDEPENDÊNCIA – FONTES DE RIQUEZA e CONSTRUTORES DO PROGRESSO.

Vila Isabel, que agora é a minha Escola de coração, também desceu colorida com minha música nos dois últimos anos: CAR-

NAVAL DE ILUSÕES (de parceria com o Gemeu) e QUATRO SÉCULOS DE MODAS E COSTUMES.

Ouvir o meu samba na avenida, no domingo de carnaval, me dá uma emoção tão grande que eu fico "desligado", "rindo à toa", mas não dá pra ser chamado de "Crioulo Doido", pois a higiene mental é feita nos terreiros de ensaios, onde se ouve samba puro independente dos esquemas dos enredos, como os incluídos neste LP que só tem SAMBA DE CRIOULO, gravado na base da viola (Darcy da Mangueira), cavaquinho (J. Araújo) e ritmo (Conjunto Brasil Ritmo 67, com Beterlau no agogô, Neném na cuíca, Pelado no pandeiro, Orvalho no tamborim, Baldo no surdo e Arthur no tambor), além do meu amigo José Garcia que deu uma força no tamborim e no pandeiro.

A minha Mana está sendo lançada aqui com a sua voz diferente (ainda vai ser a maior cantora do Brasil) e o coro foi improvisado pelos próprios compositores, reforçado pelas vozes das minhas meninas (Nélia e Erenice).

O único defeito deste disco é só ter 12 faixas, pois, por falta de espaço, grandes cobras do sambão ficaram de fora: Mano Décio, Anescarzinho, Bidi, João Laurindo, Pelado, Osório, Leléo, Paulo Brazão e muitos outros.

É um disco feito pra sambista, pra quem frequenta os terreiros das Escolas e pra quem gosta de SAMBA DE CRIOULO.

Eles acharam a ideia boa, mas não lançaram logo o disco. Pediram que eu fizesse uma outra fita porque acharam um negócio bom e me levaram para o estúdio mais um tempo. Eu bolei outro e fizemos uma nova fita. Eu já tinha bolado tudo, mas eles não lançaram e logo depois eu vi, nesse mesmo ano, uma peça do Serginho Porto chamada Show do Crioulo Doido. Era um show em cima do samba que ele fez, o "Samba do crioulo doido", que alcançou muito sucesso. Ele era irmão do grande brasileiro Flávio Porto, que me ajudou muito na Record nas confusões para poder ensaiar, que era uma guerra, mas seu irmão, o humorista Stanislaw Ponte Preta, não tinha um bom caráter, como me disse a ex-mulher dele, que não me lembro o nome, e conheci muito depois.

O "Samba do crioulo doido" atingia a todos os compositores de escola de samba e deu motivo para que fossem feitas gozações preconceituosas com a gente. Eu fiquei danado, fui ver o show baseado no samba e achei o espetáculo extremamente racista, embora exaltasse as grandes figuras da Música Popular Brasileira, todas negras, mas rolava sempre uma gozação.

Eu me lembro do show em que tinha um momento em que ele fazia uma grande homenagem ao Pixinguinha como um dos maiores músicos do país e era um momento bonito, o Quarteto em Cy cantava as músicas do Pixinguinha e depois ele dizia que ele era até nome de rua, e aí puxava a placa que tinha escrito "Pixinguinha Musicólogo", e ele fazia a plateia gargalhar ao dizer: "vai ver que nem o Pixinguinha sabe o que é isso!"

Eu achei aquilo horrível, e resolvi bolar um espetáculo chamado **Nem Todo Crioulo é Doido**. O Ricardo Cravo Albin deu força, a Sebastiana Arruda, uma negra advogada influente, me ajudou a conseguir o Teatro João Caetano. Eu dirigi tudo seguindo umas dicas do Haroldo Costa. Houve quem me disse que não era aconselhável contradizer o Sérgio Porto porque ele tinha um prestígio na imprensa, era considerado intelectual embora fosse apenas humorista, que era um político de esquerda, mas eu não quis saber. Polemizei provando por A mais B que nem todo crioulo era doido. O Pixinguinha prestigiou, assim como o João da Baiana, o Ismael Silva, o Sinval Silva que fazia parte do show e o Donga subiu no palco e dançou. Fiz tudo com muito sacrifício, mas foi pegando e um segmento da imprensa intelectual estava se preparando pra dar força, mas o Sérgio Porto morreu. Isso esvaziou a nossa bola.

A Codil aproveitou a onda do show e, sem minha autorização, lançou o disco com o título **Nem Todo Crioulo é Doido**. Neste disco, eu ia cantar só uma musica e a Anália, que era a estrela do show, iria gravar a maior parte das músicas. Alguns empresários faziam elogios a ela e prometiam apresentá-la a grandes gravadoras, que aquele disco poderia atrapalhar e por isso ela não quis gravar todas as músicas. Quando me comunicou isto eu fiquei muito aborrecido com ela, porque já estava terminado o tempo que eu tinha de estúdio. A única solução foi cantar no lugar dela, o que foi muito bom para mim. O disco foi parar na Odeon na mão de uma senhora de nome Alaíde, que embora fosse de um selo concorrente, era amiga do Romeu Nunes, Diretor Artístico da RCA, e mostrou a ele. O Romeu ouviu e, sorrateiramente, mandou o Rildo Hora me contratar e eu virei cantor, sem ser esta a minha intenção.

A Codil nunca me pagou um centavo e nem a algum de outros intérpretes do disco.

Esta é uma característica do eurocentrismo. No Brasil é aquela história do negro poder ser visto desvalorizando as suas próprias características, o que sempre foi enfocado como normal, mas é uma forma também de manter o referencial de inferioridade. Um pensamento que continua introjetado na sociedade brasileira é a do negro como inferior e digno de chacota numa série de aspectos, inclusive no cultural.

O racismo se liga a este olhar que inferioriza o outro e faz com que o único conhecimento válido seja proveniente da Europa. Os posicionamentos de Martinho lidam com a cultura e valores negros, ensinando, através da emoção, do afeto, a se lidar com a diversidade. É possível se perceber o outro que é diverso, sem acreditar que só exista uma verdade. A Europa inventou a verdade única que se consolidou na ciência e na literatura como prerrogativa deste continente, em detrimento dos demais.

2.2 Grêmio Recreativo e Escola de Samba Unidos de Vila Isabel

Os anos 1960 refletiram, no plano cultural, a acelerada modernização do país. Tudo é novo, desde a arrojada arquitetura de Brasília, aos salões de arte moderna, à valorização da cultura popular, ao Teatro de Arena e ao Cinema Novo. As escolas de samba vão dar uma reviravolta estrutural, deixando de apresentar enredos presos à história oficial do país, por conta do enredo "Debret", de 1959, nos Acadêmicos do Salgueiro, que propiciou enredos inovadores como "Quilombo dos Palmares", "Memórias de um Sargento de Milícias", "Chica da Silva", "Aleijadinho", "Chico Rei", "História da Liberdade no Brasil" e muitos outros. Martinho chega a acompanhar toda essa onda de inovação, mudando a história da Unidos de Vila Isabel, que aqui mostramos como resenha.

O início
- Fundação: 4 de abril de 1946
- Fundador: Antônio Fernandes da Silveira (Seu China)

A primeira administração
- Seu China – presidente
- Paulo Gomes de Aquino (Paulo Brazão) – diretor geral, diretor de harmonia, compositor
- Osmar Mariano – diretor de bateria
- Antônio Rodrigues (Tuninho Carpinteiro) – tesoureiro
- Cléber Pereira da Silva – secretário
- José Ferreira Leite – representante junto à antiga União Geral das Escolas de Samba
- Joaquim José Rodrigues (Quinzinho) – procurador
- Colaboradores: Djalma Fernandes da Silveira, Enock, Dulcinéia Gomes de Aquino e Peti

Presidentes (até 2017)
- Antonio Fernandes da Silveira (Seu China) – mandato: 1946-1959
- Rodolpho de Souza – mandato: 1959-1961
- José Lima Filho – mandato: 1961-1963
- David Corrêa – mandato: 1963-1965
- Cornélio Cappelletti – mandato: 1965-1966
- Waldemir Garcia (Miro) – mandato: 1966-1968
- Duclerc Dias – mandato: 1968-1970
- Djalma Pereira Victorio – mandato: 1970-1972
- Esclepildes Maria Cordeiro – mandato: 1972-1974
- Cornélio Cappelletti – mandato: 1974-1976
- Djalma Pereira Victorio – mandato: 1976-1978
- Paulo Gomes de Aquino – mandato: 1978-1980
- Orlando Alves Pereira – mandato: 1980-1981
- Waltencir Coelho – mandato: 1981-1982
- Ailton Guimarães Jorge (Capitão Guimarães) – mandato: 1983-1987
- Lícia Maria Maciel Caniné (Ruça) – mandato: 1987-1990
- Olício Alves dos Santos – mandato: 1990-1993
- Valter Lopes de Carvalho – mandato: 1993-1996
- Olício Alves dos Santos – mandato: 1996-2002
- Evandro Luiz do Nascimento (Bocão) – mandato: 2002-2005
- Wilson Vieira Alves (Moisés) – mandato: 2006-2011
- Wilson da Silva Alves (Wilsinho) – mandato: 2012-2014
- Elizabeth Aquino (Dona Beta) – mandato: 2014-2015
- Luciano Ferreira (Luciano da Vila) – mandato: 2016

- Levi Júnior – mandato: 2016-2017
- Bernardo Belo – mandato: 2017-

Carnavais

1947
- Grupo: único, desfile oficial (Federação Brasileira das Escolas de Samba, FBES, e União Geral das Escolas de Samba do Brasil, UGESB)
- Carnavalesco / Comissão de Carnaval: Miguel Moura
- Enredo: A escrava rainha
- Intérprete: não identificado
- Colocação: 12º lugar

1948
- Grupo: União Geral das Escolas de Samba do Brasil (UGESB – desfile não oficial)[1]
- Carnavalesco / Comissão de Carnaval: Miguel Moura
- Enredo: Navio negreiro
- Intérprete: não identificado
- Colocação: 6º lugar

1949
- Grupo: UGESB (desfile não oficial)
- Carnavalesco / Comissão de Carnaval: Miguel Moura
- Enredo: Iracema
- Intérprete: não identificado
- Colocação: 8º lugar

1950
- Grupo: UGESB (desfile não oficial)
- Carnavalesco / Comissão de Carnaval: Miguel Moura
- Enredo: Baía da Guanabara
- Intérprete: não identificado
- Colocação: 4º lugar

1951
- Grupo: UGESB (desfile não oficial)
- Carnavalesco / Comissão de Carnaval: Miguel Moura

---

[1] Entre 1948 e 1951, o governo só promoveu (e financiou) o desfile das escolas de samba filiadas à Federação, porque a União Geral tinha ligações com o Partido Comunista; por isso, nesse período, a União Geral fez um desfile paralelo, não oficial.

- Enredo: Trabalhadores do Brasil
- Intérprete: não identificado
- Colocação: Não desfilou.

1952
- Grupo: 2 (desfile oficial da Associação das Escolas de Samba – fusão de UGESB e FBES)
- Carnavalesco / Comissão de Carnaval: Miguel Moura
- Enredo: Fé, Esperança e Caridade
- Intérprete: não identificado
- Colocação: 15º lugar[2]

1953
- Grupo: 2
- Carnavalesco / Comissão de Carnaval: Miguel Moura
- Enredo: O berço do samba – África o baobá da vida
- Intérprete: não identificado
- Colocação: Não desfilou.

1954
- Grupo: 2
- Carnavalesco / Comissão de Carnaval: Miguel Moura
- Enredo: Presente, passado e futuro
- Intérprete: não identificado
- Colocação: Não desfilou.

1955
- Grupo: 2
- Carnavalesco / Comissão de Carnaval: Antônio Fernandes, Seu China e Djalma Fernandes
- Enredo: Obras da natureza
- Intérprete: Paulinho da Vila
- Colocação: 11º lugar

1956
- Grupo: 2
- Carnavalesco / Comissão de Carnaval: Gabriel Pena
- Enredo: Três épocas
- Intérprete: Paulinho da Vila
- Colocação: Vice-campeã – Escola promovida

---

[2] Embora o julgamento do Grupo 1 tenha sido suspenso, por causa de um temporal, o Grupo 2 desfilou e o seu julgamento ocorreu normalmente.

1957
- Grupo: 1
- Carnavalesco / Comissão de Carnaval: Miguel Moura
- Enredo: O último baile da Ilha Fiscal
- Intérprete: Paulinho da Vila
- Colocação: 16º lugar – Escola rebaixada

1958
- Grupo: 2
- Carnavalesco / Comissão de Carnaval: Gabriel do Nascimento
- Enredo: Riquezas do Brasil
- Intérprete: Paulinho da Vila
- Colocação: 5º lugar

1959
- Grupo: 2
- Carnavalesco / Comissão de Carnaval: Gabriel do Nascimento
- Enredo: Saldanha da Gama
- Intérprete: Paulinho da Vila
- Colocação: 12º lugar – Escola rebaixada

1960
- Grupo: 3
- Carnavalesco / Comissão de Carnaval: Gabriel do Nascimento
- Enredo: Poeta dos escravos
- Intérprete: Paulinho da Vila
- Colocação: Campeã – Escola promovida

1961
- Grupo: 2
- Carnavalesco / Comissão de Carnaval: Gabriel do Nascimento
- Enredo: A imprensa através dos tempos
- Intérprete: Paulinho da Vila
- Colocação: 4º lugar

1962
- Grupo: 2
- Carnavalesco / Comissão de Carnaval: Gabriel do Nascimento
- Enredo: Dom João VI
- Intérprete: Paulinho da Vila
- Colocação: 8º lugar

1963
- Grupo: 2
- Carnavalesco / Comissão de Carnaval: Gabriel do Nascimento
- Enredo: Três fatos históricos
- Intérprete: Paulinho da Vila
- Colocação: 4º lugar

1964
- Grupo: 2
- Carnavalesco / Comissão de Carnaval: Gabriel do Nascimento
- Enredo: Exaltação à Bahia
- Intérprete: Paulinho da Vila
- Colocação: 3º lugar

1965
- Grupo: 2
- Carnavalesco / Comissão de Carnaval: Gabriel do Nascimento
- Enredo: Epopeia do Teatro Municipal
- Intérprete: Paulinho da Vila
- Colocação: Vice-campeã – Escola promovida

1966
- Grupo: 1
- Carnavalesco / Comissão de Carnaval: Gabriel do Nascimento e Dario Trindade
- Enredo: Três épocas do Brasil
- Intérprete: Paulinho da Vila
- Colocação: 4º lugar

1967
- Grupo: 1
- Carnavalesco / Comissão de Carnaval: Gabriel do Nascimento e Dario Trindade
- Enredo: Carnaval das ilusões
- Intérprete: Paulinho da Vila
- Colocação: 4º lugar

1968
- Grupo: 1
- Carnavalesco / Comissão de Carnaval: Augusto Gonçalves e Walter Tomé

- Enredo: Quatro séculos de modas e costumes
- Intérprete: Paulinho da Vila
- Colocação: 8º lugar

1969
- Grupo: 1
- Carnavalesco / Comissão de Carnaval: Augusto Gonçalves e Walter Tomé
- Enredo: Iaiá do Cais Dourado
- Intérprete: Paulinho da Vila
- Colocação: 5º lugar

1970
- Grupo: 1
- Carnavalesco / Comissão de Carnaval: Castelo Branco, José Ribamar e Iomar Soares
- Enredo: Glórias gaúchas
- Intérprete: Paulinho da Vila
- Colocação: 5º lugar

1971
- Grupo: 1
- Carnavalesco / Comissão de Carnaval: Iomar Soares
- Enredo: Ouro mascavo
- Intérprete: Antonio Grande
- Colocação: 5º lugar

1972
- Grupo: 1
- Carnavalesco / Comissão de Carnaval: Djalma Victorio e Soares Souza
- Enredo: Onde o Brasil aprendeu a liberdade
- Intérprete: Paulinho da Vila
- Colocação: 6º lugar

1973
- Grupo: 1
- Carnavalesco / Comissão de Carnaval: Gabriel do Nascimento e Dario Trindade
- Enredo: Zodíaco no samba
- Intérprete: Antonio Grande
- Colocação: 8º lugar

1974
- Grupo: 1
- Carnavalesco / Comissão de Carnaval: Yarema Ostrog
- Enredo: Aruanã-Açu
- Intérprete: Paulinho da Vila
- Colocação: 10° lugar

1975
- Grupo: 1
- Carnavalesco / Comissão de Carnaval: Flávio Rangel
- Enredo: Quatro séculos de paixão
- Intérprete: Zé Carlos
- Colocação: 6° lugar

1976
- Grupo: 1
- Carnavalesco / Comissão de Carnaval: Geraldo Sobreira e Flávio Rangel
- Enredo: Invenção de Orfeu
- Intérprete: Barbinha
- Colocação: 6° lugar

1977
- Grupo: 1
- Carnavalesco / Comissão de Carnaval: Arlindo Rodrigues e Luiz Ferreira
- Enredo: Ai que saudade que eu tenho
- Intérprete: Jorge Goulart
- Colocação: 5° lugar

1978
- Grupo: 1
- Carnavalesco / Comissão de Carnaval: Departamento Cultural
- Enredo: Dique, um mar de amor
- Intérprete: Garganta de Ferro
- Colocação: 8° lugar

1979
- Grupo: 1B
- Carnavalesco / Comissão de Carnaval: Yêdda Pinheiro, Fernando Costa e Sylvio Cunha
- Enredo: Os dourados anos de Carlos Machado

- Intérprete: Marcos Moran
- Colocação: Campeã – Escola promovida

1980
- Grupo: 1A
- Carnavalesco / Comissão de Carnaval: Fernando Costa e Sylvio Cunha
- Enredo: Sonho de um sonho
- Intérprete: Marcos Moran e Zé Carlos
- Colocação: Vice-campeã

1981
- Grupo: 1A
- Carnavalesco / Comissão de Carnaval: Sylvio Cunha
- Enredo: Dos jardins do Éden à era de Aquarius
- Intérprete: Marcos Moran
- Colocação: 9º lugar

1982
- Grupo: 1A
- Carnavalesco / Comissão de Carnaval: Viriato Ferreira
- Enredo: Noel Rosa e os poetas da Vila nas batalhas do Boulevard
- Intérprete: Marcos Moran
- Colocação: 10º lugar

1983
- Grupo: 1A
- Carnavalesco / Comissão de Carnaval: Fernando Costa
- Enredo: Os imortais
- Intérprete: Marcos Moran
- Colocação: 9º lugar

1984
- Grupo: 1A
- Carnavalesco / Comissão de Carnaval: Fernando Costa
- Enredo: Para tudo se acabar na quarta-feira
- Intérprete: Gera
- Colocação: 5º lugar

1985
- Grupo: 1A
- Carnavalesco / Comissão de Carnaval: Max Lopes
- Enredo: Parece que foi ontem

- Intérprete: Gera
- Colocação: 3º lugar

1986
- Grupo: 1A
- Carnavalesco / Comissão de Carnaval: Max Lopes
- Enredo: De alegria cantei, de alegria pulei, de três em três pelo mundo rodei
- Intérprete: Gera
- Colocação: 11º lugar

1987
- Grupo: 1
- Carnavalesco / Comissão de Carnaval: Max Lopes
- Enredo: Raízes
- Intérprete: Gera
- Colocação: 5º lugar

1988
- Grupo: 1
- Carnavalesco / Comissão de Carnaval: Milton Siqueira, Paulo César Cardoso e Ilvamar Magalhães
- Enredo: Kizomba, a festa da raça
- Intérprete: Gera
- Colocação: Campeã

1989
- Grupo: 1
- Carnavalesco / Comissão de Carnaval: Milton Siqueira, Paulo César Cardoso e Ilvamar Magalhães
- Enredo: Direito é Direito
- Intérprete: Gera
- Colocação: 4º lugar

1990
- Grupo: Especial
- Carnavalesco / Comissão de Carnaval: Ilvamar Magalhães
- Enredo: Se esta terra, se esta terra fosse minha
- Intérprete: Gera
- Colocação: 12º lugar

1991
- Grupo: Especial
- Carnavalesco / Comissão de Carnaval: Ilvamar Magalhães

- Enredo: Luiz Peixoto – e tome polca!
- Intérprete: Gera
- Colocação: 11º lugar

1992
- Grupo: Especial
- Carnavalesco / Comissão de Carnaval: Gil Ricon
- Enredo: A Vila vê o ovo... e põe às claras
- Intérprete: Gera
- Colocação: 12º lugar

1993
- Grupo: Especial
- Carnavalesco / Comissão de Carnaval: Oswaldo Jardim
- Enredo: Gbala – Viagem ao templo da criação
- Intérpretes: Gera e Martinho da Vila
- Colocação: 8º lugar

1994
- Grupo: Especial
- Carnavalesco / Comissão de Carnaval: Oswaldo Jardim
- Enredo: Muito prazer! Isabel de Bragança e Drummond Rosa da Silva, mas pode me chamar de Vila
- Intérprete: Gera e Jorge Tropical
- Colocação: 9º lugar

1995
- Grupo: Especial
- Carnavalesco / Comissão de Carnaval: Max Lopes
- Enredo: Cara e coroa, as duas faces da moeda
- Intérprete: Gera e Jorge Tropical
- Colocação: 9º lugar

1996
- Grupo: Especial
- Carnavalesco / Comissão de Carnaval: Max Lopes
- Enredo: A heroica cavalgada de um povo
- Intérprete: Gera e Jorge Tropical
- Colocação: 7º lugar

1997
- Grupo: Especial
- Carnavalesco / Comissão de Carnaval: Jorge Freitas
- Enredo: Não deixe o samba morrer

- Intérprete: Gera e Jorge Tropical
- Colocação: 9º lugar

1998
- Grupo: Especial
- Carnavalesco / Comissão de Carnaval: Jorge Freitas
- Enredo: Lágrimas, suor e conquistas no mundo em transformação
- Intérprete: Gera e Jorge Tropical
- Colocação: 12º lugar

1999
- Grupo: Especial
- Carnavalesco / Comissão de Carnaval: Jorge Freitas e João Luís de Moura
- Enredo: João Pessoa, onde o sol brilha mais cedo
- Intérprete: Gera e Jorge Tropical
- Colocação: 11º lugar

2000
- Grupo: Especial
- Carnavalesco / Comissão de Carnaval: Oswaldo Jardim
- Enredo: Academia indígena de letras – Eu sou índio, eu também sou imortal
- Intérprete: Jorge Tropical
- Colocação: 13º lugar – Escola rebaixada

2001
- Grupo: Acesso A
- Carnavalesco / Comissão de Carnaval: Ricardo Pavão, Rachid, Márcia Braga, Martinho da Vila e Jorge Caribé
- Enredo: Estado maravilhoso cheio de encantos mil
- Intérprete: Jorge Tropical
- Colocação: 4º lugar

2002
- Grupo: Acesso A
- Carnavalesco / Comissão de Carnaval: João Luís de Moura
- Enredo: O glorioso Nilton Santos... Sua bola, sua vida, nossa Vila...
- Intérprete: Jorge Tropical
- Colocação: 2º lugar

2003
- Grupo: Acesso A
- Carnavalesco / Comissão de Carnaval: Jorge Freitas
- Enredo: Oscar Niemeyer, o arquiteto no recanto da princesa
- Intérpretes: Jorge Tropical e Tinga
- Colocação: 3º lugar

2004
- Grupo: Acesso A
- Carnavalesco / Comissão de Carnaval: João Luís de Moura
- Enredo: A Vila é para ti...
- Intérprete: Tinga
- Colocação: Campeã – Escola promovida

2005
- Grupo: Especial
- Carnavalesco / Comissão de Carnaval: Joãozinho Trinta e Wany Araújo
- Enredo: Singrando os mares e construindo o futuro
- Intérprete: Tinga
- Colocação: 10º lugar

2006
- Grupo: Especial
- Carnavalesco / Comissão de Carnaval: Alexandre Louzada
- Enredo: Soy loco por ti, América: A Vila canta a latinidade
- Intérprete: Tinga
- Colocação: Campeã

2007
- Grupo: Especial
- Carnavalesco / Comissão de Carnaval: Cid Carvalho
- Enredo: Metamorfoses: do reino natural à corte popular do carnaval – as transformações da vida
- Intérprete: Tinga
- Colocação: 6º lugar

2008
- Grupo: Especial
- Carnavalesco / Comissão de Carnaval: Alex de Souza
- Enredo: Trabalhadores do Brasil
- Intérprete: Tinga
- Colocação: 9º lugar

2009
- Grupo: Especial
- Carnavalesco / Comissão de Carnaval: Alex de Souza e Paulo Barros
- Enredo: Neste palco da folia, minha Vila anuncia: Theatro Municipal, a centenária maravilha
- Intérprete: Tinga
- Colocação: 4° lugar

2010
- Grupo: Especial
- Carnavalesco / Comissão de Carnaval: Alex de Souza
- Enredo: Noel: a presença do poeta da Vila
- Intérprete: Tinga
- Colocação: 4° lugar

2011
- Grupo: Especial
- Carnavalesco / Comissão de Carnaval: Rosa Magalhães
- Enredo: Mitos e histórias entrelaçadas pelos fios de cabelo
- Intérprete: Tinga
- Colocação: 4° lugar

2012
- Grupo: Especial
- Carnavalesco / Comissão de Carnaval: Rosa Magalhães
- Enredo: Você samba lá... Que eu sambo cá! O canto livre de Angola
- Intérprete: Tinga
- Colocação: 3° lugar

2013
- Grupo: Especial
- Carnavalesco / Comissão de Carnaval: Rosa Magalhães
- Enredo: A Vila canta o Brasil, celeiro do mundo – Água no feijão que chegou mais um
- Intérprete: Tinga
- Colocação: Campeã

2014
- Grupo: Especial
- Carnavalesco / Comissão de Carnaval: Cid Carvalho

- Enredo: Retratos de um Brasil plural
- Intérprete: Gilsinho
- Colocação: 10º lugar

2015
- Grupo: Especial
- Carnavalesco / Comissão de Carnaval: Max Lopes
- Enredo: O Maestro Brasileiro está na terra de Noel, a partitura é azul e branco, da nossa Vila Isabel
- Intérprete: Gilsinho
- Colocação: 11º lugar

2016
- Grupo: Especial
- Carnavalesco / Comissão de Carnaval: Alex de Souza
- Enredo: Memórias do "Pai Arraia" – Um Sonho Pernambucano, um Legado Brasileiro
- Intérprete: Igor Sorriso
- Colocação: 8º lugar

2017
- Grupo: Especial
- Carnavalesco / Comissão de Carnaval: Alex de Souza
- Enredo: O som da cor
- Intérprete: Igor Sorriso
- Colocação: 10.º lugar

2018
- Grupo: Especial
- Carnavalesco / Comissão de Carnaval: Paulo Barros, Paulo Menezes
- Enredo: Corra que o futuro vem aí (apresentado em junho de 2017)
- Obs.: carnaval ainda em projeto na época em que este livro estava sendo finalizado.

O primeiro disco solo gravado foi o **Martinho da Vila**, em 1969, que trouxe composições feitas, em sua grande maioria, para a Vila Isabel. Pela criatividade e importância desta gravação destacamos a maioria de suas faixas, que continuam sendo cantadas e gravadas até hoje.

No Lado A do disco vamos encontrar:

1. *Boa Noite* – Martinho cumprimenta o pessoal da Vila.

2. *Carnaval de ilusões* – É uma conversa com o ouvinte sobre tudo o que aconteceu no carnaval de 1967. Martinho se transforma num *griot* (contador de história) e fala sobre o carnaval de ilusões que foi sonhado por uma criança: ciranda, cirandinha. A fantasia está presente na doce pausa dos folguedos infantis: a bonequinha e a bola, numa terra de riqueza e de fulgor.
3. *Caramba* – Música feita após o desfile, no qual Chico Buarque dormiu e os outros juízes não entenderam nada, metendo o pau no novo estilo de samba-enredo, que na verdade era um partido-alto. Surge, assim, um novo samba de partido-alto, feito no dia da apuração dos resultados, sobre o desfile da Vila Isabel, intitulado *Caramba*, que conta toda a história:

Fala fala falador
Não lhe dou bola porque eu sou bamba
Malha, malha malhador
Que não aceita a evolução do samba
A minha Vila deslumbrou
Naquela manhã de carnaval
Todo povo incentivou
A ciranda cirandinha
No desfile principal
Só a comissão
Não viu cadência numa grande bateria
Nem se comoveu
Com a beleza do desfile-fantasia
Caramba, caramba
Nem o Chico entendeu
O enredo do meu samba
Mas esse ano eu vou deixar cair
Não quero mais ficar com o quarto lugar
Rapaziada vai se reunir
E a minha Vila vai descer pra clarear
Fala, fala falador

1. *Quatro séculos de modas e costumes* – Foi consagrado como o samba-enredo de 1968 da Vila Isabel e se tornou um grande sucesso, tendo o mérito de alterar o estilo dos sambas-enredos. O ano de 1968 contou com uma grande mudança nos desfiles,

causada pelo lançamento, em fins de 1967, do disco de sambas de enredo das escolas Os frequentadores das arquibancadas já chegavam cantando os sambas, e a chuva, que caiu durante quase toda a noite, não diminuiu o entusiasmo geral, mas deixou a Vila Isabel em oitavo lugar. A Mangueira foi bicampeã com o enredo "Samba, festa de um povo" e o Império Serrano ficou em segundo com "Pernambuco, leão do Norte", samba de Silas de Oliveira. Foi o ano do AI-5, das passeatas e da afirmação da Banda de Ipanema, que desfilou pela terceira vez. A Unidos de Lucas, que ficou em quinto lugar, trouxe um samba inesquecível de Carlinhos Madrugada, Nilton Russo e Zeca Melodia, o famoso "Sublime pergaminho". A Vila Isabel sofreu muito com a chuva que atrapalhou o seu desfile, mas o samba-enredo foi e continua sendo um grande sucesso.

2. *O pequeno burguês* – Foi composto em 1968 e reflete as preocupações sociais da época.
3. *Iaiá do cais dourado* – Outro famoso samba-enredo da Vila Isabel, de 1969. Este samba consagra Martinho no mercado fonográfico.
4. *Casa de bamba* – Martinho fala de sua casa e da família. É a música que o identifica, sendo seu primeiro grande sucesso e um de seus reflexos no espelho. É bem ele.
5. *Amor, pra que nasceu?* – Revela toda a poesia e romantismo do autor.

O Lado B deste primeiro LP é também uma seleção de grandes sucessos como: *Quem é do mar não enjoa*, que identifica mais ainda o Martinho e suas preocupações com o contexto social; *Brasil mulato*, *Tom maior*, *Pra que dinheiro*, *Parei na sua*, *Grande amor*.

Martinho afirma sua identidade através de suas músicas. Surge com ele uma linguagem muito negra e muito própria, que o distingue dos demais. Ele fala o que Lélia Gonzalez chama de "pretoguês".

Este primeiro disco é caracterizadamente um disco de compositor, sendo todas as músicas de sua autoria. Quase todas as músicas desse primeiro disco se mantêm como sucesso até hoje. Tornaram-se atemporais, incorporando-se à vida e à identidade do país.

2.3 Afirmando identidades

O ano de 1970 marca sua primeira viagem à África e o aproxima mais de seus ancestrais, servindo de inspiração para o disco sobre nossas origens. Assim, neste ano, surge o **Meu laiaraiá**, em que aparece um parceiro, Mário Lago, que usa o nome de Pádua Correia, por conta da censura da época, no incrível *Samba de irmão*.
Irmão, irmão, irmão, irmão
É madrugada, mas virá nosso amanhã
Que bom, que bom
Cantar é bom, amar é bom
Dançar é bom, amar é bom
Tristeza não.

Por maior que seja a escuridão
A noite tem acabar, no duro
No duro, ô, ô, no duro

Homem não é Lobisomem
Que fica nas trevas sempre a caminhar no escuro

Sambem, sabem
Sambem com harmonia
Todos cantando, com todos, pra todos, por todos
Pra trazer o dia.

O segundo disco inaugura um trabalho com os maestros e uma maneira nova de cantar, que implicou numa forma nova de gravar.

Em 1971, nas **Memórias de um sargento de milícias**, nosso poeta começa a interpretar outros autores. Canta músicas de Ataulfo Alves, Xangô, Geraldo Babão, Darci da Mangueira, Sergio Ricardo, e a música título do disco é de autoria do Paulinho da Viola.

Destacamos o *Quem pode, pode*, que é um samba que fala para cada um ficar na sua. Exprime uma maneira de ser, que leva ao não se falar da vida de ninguém. É uma espécie de recado do Martinho para ele mesmo.
Aqui na terra

Cada um faz o que pode
Quem pode pode
Quem não pode se sacode
Se eu vivo mal
Se eu vivo bem

Ninguém com isso
Nada tem
Pois minha vida
Não é da conta de ninguém
O melhor jeito é a lei de murici
Cada um trata de si
Pra sair tudo perfeito
O seu bacana não engana
E gasta grana como o quê
Mas quem é pobre já descobre
Um outro modo de viver
Se o Maneco do boteco faz chaveco
Eu não vou dizer
Mas telecoteco
No meu samba tem que ter

Já em 1972 encontramos uma novidade. Até então, as capas eram produzidas pelo Departamento Gráfico da gravadora.

A partir do **Batuque na cozinha**, Martinho utiliza um artista gráfico para a confecção da capa: Elifas Andreato, que estreia com o título sugerido por Zeno Bandeira, numa homenagem a João da Baiana, filho de Perciliana Maria Constança, a Tia Perciliana do Santo Amaro, baiana famosa da Pequena África no início do século XX.

Batuque na Cozinha
(João da Baiana)
Batuque na cozinha sinhá não quer
Por causa do batuque eu queimei o pé

Então não bula na cumbuca não me espante o rato
Se o branco tem ciúme que dirá o mulato
Eu fui na cozinha pra ver uma cebola

E o branco com ciúme de uma tal crioula
Deixei a cebola, peguei a batata
E o branco com ciúme de uma tal mulata
Peguei o balaio pra medir a farinha
E o branco com ciúme de uma tal branquinha

Batuque na cozinha [...]

Eu fui na cozinha pra tomar o café
E o malandro tá de olho na minha mulher
Mas, comigo eu apelei pra desarmonia
E fomos direto pra delegacia
Seu comissário foi dizendo com altivez
É da casa de cômodos da tal Inês
Revistem os dois, botem no xadrez
Malandro comigo não tem vez

Batuque na cozinha [...]

Mas seu comissário eu estou com razão
Eu não moro na casa de arrumação
Eu fui apanhar o meu violão
Que estava empenhado com Salomão
Eu pago a fiança com satisfação
Mas não me bota no xadrez com esse malandrão
Que faltou com respeito a um cidadão
Que é Paraíba do Norte, Maranhão

Batuque na cozinha [...]

    As baianas simbolizam as cabeças coroadas pelos cabelos brancos, representando a sabedoria africana das tias baianas da antiga Praça Onze, berço do samba, onde Tia Ciata, Tia Bibiana e muitas outras dançavam o samba de roda da Bahia, preservando sua ancestralidade e louvando os orixás. Elas, também, cuidam do espaço da cozinha, que é um lugar de criação, de transformação e de muita energia, pois pode eliminar a fome do grupo e, ao mesmo tempo, eliminar o próprio grupo, já que tem a capacidade de preservar vida ou trazer morte.

Neste **Batuque na Cozinha**, Martinho mostra uma música chamada *Calango longo*, que o identifica muito, por falar de sua ancestralidade: seu pai e sua mãe. O disco se caracteriza por ser um batuque, no qual Severino Filho, ligado à bossa nova, vocalista dos Cariocas, deu um tratamento especial aos arranjos, que contaram com harmonias mais rebuscadas do que nos discos anteriores.

Em 1973, em seu disco **Origens**, Martinho colocou pela primeira vez o som africano, apresentando letras em quimbundo e reforçando nossos laços com Angola e com nossa ancestralidade banta. A ancestralidade e a descendência aparecem aqui de forma muito especial. Nele encontramos o *Antonio, João e Pedro*, nome dado por Ruça e Martinho para o Tunico Ferreira, que nasceu nesse ano.

À meia hora de Santo Antônio
A um quarto da lua cheia surgiu
O Antonico
Tão bonito o Antonico
Um cigarro apagou
Uma luz acendeu azul
É homem
É o Antonico, é tão bonito
É tão bonito o Antonico
É tão bonito
É o Pedro, Pedrinho
João, Joãozinho
O Tonho, Toinho
É o Antoninho
Tão bonito o Antonico
Anda Antonico
Mama Antonico
Não chora Antonico
Dorme Antonico
Acorda Antonico
Desperta
Que é tão bonito o dia nascendo
É tão bonito, é tão bonito
O vermelho da tarde lá no céu
É tão bonito

Jangada chegando, lá do mar
É tão bonito
Fogueira queimando
É tão bonito, é tão bonito
O vermelho da tarde lá no céu
É tão bonito
Jangada chegando, lá do mar
É tão bonito
Fogueira queimando
É tão bonito, é tão bonito
E a Katia sambando
E tão bonito o Antonico
É tão bonito
É tão bonito
É tão bonito

    Surge, então, um Martinho preocupado em pensar no seu fazer, sem imaginar o que as outras pessoas estão fazendo. Com uma noção muito clara de que o que a história nos conta não pode ficar escondido, afirmando que as coisas voltam para o lugar quando são analisadas, conhecidas e estudadas. Assim cada disco tem sempre um significado, revelando um compositor que traz uma forma muito própria de se apresentar. Suas letras falam do cotidiano, da vida familiar, das coisas que acontecem no dia a dia do homem negro brasileiro. Cada disco revela nossa tradição africana e dá realce aos papéis femininos nesta cultura, dando uma nova dimensão à mulher e à família.

    Para a sociedade brasileira, o entendimento da natureza profunda dos papéis femininos é de grande relevância, já que temos os resquícios de uma ideologia machista e sexista no país. Assim, a valorização da mulher que cuida da cozinha e dos filhos, seja na tradição de Angola e Congo – banta –, seja na da Nigéria – nagô –, evidencia o nível de consciência dos rigores gastronômicos da vasta culinária dos terreiros de candomblé, caboclo e umbanda, sendo, também, o aspecto que irá determinar o grau de identidade de cada espaço onde a cultura negra irá se manifestar.

    Para a tradição africana, cozinhar é transformar, criar, sendo a cozinha um espaço sagrado, pleno de segredos, onde se pode produzir saúde e doença. Espaço poderoso onde quem reina é a mulher.

Importante situar a importância de trazer à luz diferentes campos de saber que se encontram na cozinha, evidenciada na tradição africana, presente na obra de Martinho.

O diálogo entre nutrição, gastronomia e ciências humanas faz parte das novas propostas no campo da biomedicina e das ciências sociais e humanas nos principais centros de pesquisa do mundo, voltadas para as tradições da culinária africana, já que passaram a entender a cozinha além dos ingredientes, onde princípios de condimentação, procedimentos culinários, regras de uso, práticas e representações simbólicas de valores sociais, morais, religiosos e higiênicos se encontram.

Muitos são os estudos sobre práticas culturais e religiosas relacionadas ao samba e à simbologia da feijoada e demais comidas do universo do samba, onde sabor e saber se reúnem nos terreiros das escolas, nas barraquinhas de rua das baianas e nos quintais das velhas guardas.

Em 1974 surge o disco **Canta, canta, minha gente**, apresentando um trabalho voltado para a temática CANTAR, porque cantar é bom, faz bem à alma, além de caracterizar todas as atividades do universo do samba. Martinho gravou música de filhos de baianas quituteiras da Praça Onze, Donga, Pixinguinha e João da Baiana: *Patrão, prenda seu gado*. Deu uma grande importância visual ao disco. A arte recebeu uma atenção especial, com base no que Elifas Andreato desejava: levar a arte ao povo. Assim pensaram e assim fizeram. O **Canta, canta** recebeu capa dupla, tendo um tratamento de disco de luxo. A gravadora achou que não iria dar certo, mas ele foi recorde de tudo: execução, vendagem, shows.

Era um período difícil na vida brasileira e cantar era o melhor remédio. Neste cantar, no entanto, havia um recado do povo para o sistema dominante, buscando falar de sua identidade e cultura.

Em *Tribo dos carajás* fica muito clara a mensagem.

Tribo dos carajás
Noite de lua cheia
Aruanã!
Menina moça é que manda na aldeia
A tribo dança e o grande chefe pensa
Em sua gente

Que era dona deste imenso continente
Onde sonhou sempre viver da natureza
Respeitando o céu
Respirando o ar
Pescando nos rios
E com medo do mar

Estranhamente o homem branco chegou
Pra construir, pra progredir, pra desbravar
E o índio cantou
O seu canto de guerra
Não se escravizou
Mas está sumindo da face da Terra

Aruanã! Aruanã Açu
É a grande festa
De um povo do alto Xingu

Tribo dos carajás foi feita para a Unidos de Vila Isabel e foi retirada da disputa do samba-enredo por imposição da censura da ditadura militar.

Encontramos ainda o *Calango vascaíno*, homenagem do Martinho ao seu time de estimação. Segundo ele, o Vasco abriu espaço para os negros ao fazer um time com eles. Outros clubes também contavam com negros em suas equipes, mas o Vasco abriu um espaço social para os atletas negros, tornando-os sócios, enquanto nos outros times eles eram apenas empregados.

Como os escravos usavam o jongo para se comunicar, Martinho usa o samba como forma de motivar o grupo a pensar na realidade e a possibilitar mudanças. O jongo inspirou o poeta.

O jongo, também chamado, nas comunidades que o praticam, de TAMBU, TAMBOR e CAXAMBU, envolve canto, dança e percussão de tambores. Através dele atualizam-se crenças nos ancestrais e nos poderes da palavra. O jongo formou-se basicamente a partir da herança cultural dos negros de língua banta, habitantes do antigo Reino do Congo. Trazidos como escravos nas fazendas de café e cana-de-açúcar do Vale do Rio Paraíba, na Região Sudeste, desenvolveram uma forma muito própria de comunicação. O canto,

Martinho com sua mãe Teresa e as irmãs Deusina, Nélia, Elza e Zezé, em Pilares.

baseado em provérbios, mensagens cifradas ou imagens metafóricas, possibilitava fazer a crônica do cotidiano e prestar reverência aos antepassados.

Nos dias de hoje, o jongo continua sendo um espaço de circulação e renovação de crenças e valores de parte da população afrodescendente.

Dentre os aspectos que o caracterizam estão os "pontos" – nome que se dá aos cantos –, que são versos metafóricos, cuja chave de decifração é do conhecimento de poucos. Os jongueiros rivalizam uns com os outros e mostram a força de seus cantos.

Os cantos ou "pontos" se efetivam no estilo responsorial: o solista canta e o coro responde. São classificados segundo as funções que desempenham:

a. Os de visaria – tratam de fatos do cotidiano;

b. Os de demanda ou gurumenta – são os de desafio ou encantamento mágico, jogado sobre outros jongueiros.

O acompanhamento rítmico é tradicionalmente feito por instrumentos de percussão. Os tambores desempenham um papel de destaque, sendo conhecidos pelos nomes de TAMBU e CANDONGUEIRO. Aparecem, também, outros nomes de origem africana, como CAXAMBU, ANGOMA, ANGOMA-PUITA, sendo este último a designação de um tambor de fricção ou cuíca de grandes dimensões.

Os toques são variados e feitos a partir de um ciclo rítmico subjacente de 12 pulsações. Quanto à dança, a disposição mais comum é a roda, com um par ou solista se revezando ao centro.

Variadas são as formas da prática do jongo, em diferentes localidades. Em Madureira (bairro do Rio de Janeiro) temos o jongo da Serrinha, ligado à Escola de Samba Império Serrano.

Em Santo Antônio de Pádua e Miracema (municípios do Rio de Janeiro) temos o caxambu, termo utilizado para indicar um dos tambores, mas usado lá para designar a prática como um todo, da mesma forma que na Tijuca (outro bairro do Rio), ligado à escola de samba Acadêmicos do Salgueiro, temos um caxambu.

Existe uma articulação crescente entre os jongueiros. Há um interesse grande pelas tradições locais e pela "música de raiz", como é conhecida. Esse interesse se estende às classes médias e até mesmo às elites intelectuais, por sua prática desenvolver uma relação mais reflexiva com a cultura tradicional e a consciência da posse de um bem simbólico de valor, que representa o patrimônio cultural do país, legado de transmissão e reprodução para as novas gerações.

Falar de jongo nos remete ao samba de partido-alto.

Segundo Vargens e Monte (2004), a palavra é datada do século XIX e, provavelmente, a composição substantivo-adjetivo relaciona-se semanticamente a um tipo de samba composto por um grupo seleto de pessoas, de competência indiscutível. O partido-alto teve origem nas rodas de batucada. Caracteriza-se pela comunhão entre os participantes, embalados por um refrão, com versos repetidos por todos que se sucedem, acompanhando o mote proposto pelo estribilho, sem obedecer a um rígido esquema métrico, respeitando, porém, alguns padrões rítmicos. Caso os versos se afastem do tema central ou sejam usados clichês, diz-se que o partideiro é fraco, pois a virtude concentra-se na capacidade do versador de improvisar e dar prosseguimento à peleja poético-musical. Desse modo, a roda está viva, mantida por palavras, meneios e o compasso, marcado na palma da mão.

O partido, como também é conhecido o partido-alto, é cantado/dançado em círculo.

Como nas antigas batucadas, algumas vezes um dos pares é convidado a entrar e a sambar no centro da roda, admirado pelos demais participantes.

Quando um poeta cria um verso rico, criativo, é aplaudido pelo grupo, que reconhece o mérito do partideiro. Martinho é um partideiro nato.

O disco **Maravilha de cenário** teve um tratamento super-luxuoso, com encarte, pôster e capa dupla. Bateu o recorde de vendagem do **Canta, canta**, fazendo jus, mais uma vez, ao disco de ouro.

CAPÍTULO III — REFLEXÕES SOBRE O SUCESSO

No final dessa primeira década, Martinho tinha-se tornado um dos mais respeitados artistas brasileiros, recebendo discos de ouro por quase todos os seus discos, além de ser um dos maiores vendedores de disco do país, sendo recordista de execução no Brasil, mas sem nunca se desvincular da sua escola de samba do coração, podendo-se afirmar que sua história se confunde com a da Unidos de Vila Isabel.

O sucesso encontrou uma grande barreira no preconceito existente no país, mas não modificou a maneira de pensar do Martinho, que não se preocupava em ficar no centro dos acontecimentos. Seu objetivo era compor com o coração, seguindo suas intuições e vivências...

Esse período foi o de maiores perseguições, tendo o poeta sido combatido de todas as formas por alguns setores da imprensa, pois "deixou de ser sambista para se tornar um artista". Já começava a frequentar a Zona Sul do Rio de Janeiro, tinha carro, fez temporada na boate Sucata, onde só artistas de prestígio cantavam, bem como na Number One, onde só poucos conseguiram furar a barreira do preconceito. Vamos detalhar um pouco os problemas encontrados pelo nosso artista. Para responder às investidas do sistema, ele fez a música *Cresci no morro*, que cantava quando chegava nos shows da boate, dizendo coisas que incomodavam as pessoas.

Eu cresci no morro
E me criei na cidade
Saí do submundo
E penetrei no seio
Da alta sociedade
E já hoje em dia
Pego o meu carro
E vou à boate
Banquete, coquetel
Não sou tatibitate
Tenho argumento
Pra qualquer bacharel
Mas, quando eu chego no morro
Calço o meu charlote
Dou o braço à escurinha
Tomo uma bebida quente
Na tendinha

No jogo de roda, eu esqueço da vida
Não é mole não, mas eu sou considerado
Pela turma que descamba
Pego o pandeiro e caio logo no samba
Já me disseram que eu sou um malandrão
Mas trabalho como um leão.

    Alertado por um jornalista amigo de que não deveria se apresentar na Zona Sul, onde a maioria das pessoas o via como folclore, já que só queriam vê-lo cantar na Casa de Bamba da Unidos de Vila Isabel, e não na Boate Sucata, reduto das elites, Martinho demonstra que lugar de negro é todo lugar e supera tudo, lançando o disco **Rosa do povo** (1976), promovendo a estabilidade da carreira e criando um disco para poetas, sem preocupação de manutenção do sucesso. A música que caracteriza bem este momento é o *Não tenha medo amigo*:

Não tenha medo amigo
Não tenha medo
É como falou o poetinha Vinicius
"São demais os perigos dessa vida"
Mas o sangue borbulha nas veias
E eu tenho que andar na rua
Gosto de enfrentar o mundo cara a cara
Olhar as pessoas no olho
Tenho que estar nos botequins, nas favelas
Nos palcos, nas plateias
Nos campos, nas cidades, nos sertões
Aqui e acolá, como gente
Pés no chão, no meio do povo
Cautelosamente sem cautela
Receiosamente sem receio
Distraidamente distraído
Mas sem medo
Não tenha medo meu amigo, não tenha medo
Porque o medo é o seu maior inimigo
Admiro medrosos sem medo
Detesto valentes
De heróis desconfio

Do mundo eu não tenho medo
Mas viver a vida é um desafio
Não tenha medo
Não tenha medo amigo
A vida é um segmento de reta sinuoso
Um vai e vem
Todo mundo tem que ser viandante
Pois "barco parado não faz frete"
– Tá lá nos caminhões
Fé em Deus e pé na tábua
Seguindo o destino
Moldando o destino, transando com ele
Sem medo do que você tem e do que você pode ter
Do que você é e do que você será
Vá em frente amigo
Amando a mulher amada
Dando amor a muitas mulheres
Caminhando em busca do infinito
Sem mitos, sem metas
Sem medo
Não tenha medo
Porque o medo é o seu maior inimigo
Não tenha medo de ficar doente
De ser impotente
Ou de levar um chifre
Confie no amor da amante
E na honestidade da mulher de casa
Não é mais tempo do duelo nobre
Ou de lavar a honra com florete ou sabre
Não tenha medo do clamor divino
E nem do capeta e seu inferno em brasa

Para o disco **Presente**, de 1977, Elifas Andreato e Martinho conversaram muito, mas ele não sabia ao certo o que queria. Não tinha preocupação com a manutenção da posição nas paradas de sucesso. O trabalho foi feito na base da autoconsciência. Suas letras expressavam seus sentimentos em relação ao país e às tradições culturais negras, na busca de estimular e valorizar os afrodescendentes.

A capa foi pensada com muito cuidado: dentro estão moleques e uma pombinha voando e, na contracapa, só a pombinha voando. Capa de fora: embrulho para presente.

A primeira música é *Vai ou não vai*, feita por influência da leitura de Fernão Capelo Gaivota – pomba que quer voar alto para mostrar às pessoas que todos podem voar. Andar é seu lema, que é igual a voar. A letra diz tudo:

Eu não vou porque eu não sou de ir
Meu negócio foi sempre ficar
Mas não sou de ficar só aqui
Fico aqui e acolá
Meu coração é sul-americano
Mas eu tenho os meus pés no além-mar
Vai ou não vai...
Se tiver que ir, vou pro Nordeste
Me banhar em João Pessoa
Dar um cheiro na paraibinha
Feminina sim sinhô
Muito meiga, muito boa
Toda cheia de amor
Vai ou não vai...
Minha alma só quer voar
Nas asas da gaivota
Minha amiga é uma estrela
Meu amigo é um qualquer
Uma bíblia é Fernão Capelo
Minha deusa é uma mulher
Vai ou não vai...
Eu sou um cidadão pernambucano
Da cidade de Jaboatão
Bibarrense do Rio de Janeiro
Não preciso de autoafirmação
Já passei da idade de Cristo
Já estou na idade da razão
Meu negócio é um samba merengado
"Butiquim" e batida de limão

A segunda faixa é *Iemanjá, desperta*. Samba-enredo feito para a Vila Isabel que não foi o escolhido para o desfile do enredo *Dique, um mar de amor*. Trata do orixá ou força da natureza, da tradicional religião africana. Iemanjá é a água da lágrima, do sangue, do sêmen, das estalactites. É H_2O, essência do existir, água, onde a vida se revela em toda a sua plenitude.

Desperta do seu dique num mar de amor
E toma conta do seu povo sofredor
Que oriundo das grandes nações do além-mar
Trouxeram tanta crendice pra cá
Trouxeram a cultura popular
Eu sei que você mora na Bahia
Mas cuida desse Rio de Janeiro
Que tem gente colorida
Se exibindo pro turista
Gente que mesmo sofrida
Cai no samba a noite inteira
Você conhece a mentalidade brasileira
Iemanjá! Iemanjá!
Iemanjá! Iemanjá!
Já mandei preparar o saveiro
Pra no dia dois de fevereiro
Lhe mandar presentes
Também muitas flores
Além de perfumes
Com muitos odores
E vai ter batuque pra lhe cultuar
Iemanjá
Iemanjá, desperta!

Neste **Presente** encontramos ainda uma homenagem à Mangueira. *Mangueirense feliz* é uma exaltação à Mangueira, para a amiga Teresa Santos, na época assessora afro da Secretaria de Cultura de São Paulo e liderança do movimento negro nacional, que insistiu para que ele gravasse. E ele gravou.

A homenagem à Mangueira se prende ao reconhecimento da importância que as escolas de samba têm para a coesão grupal. Martinho nos faz recordar Paulo da Portela, com sua preocupação de inclusão social e projeto comunitário. Não custa lembrar que, com a reforma Pereira Passos, nos anos 1920, os ocupantes da Pequena África, na Praça Onze e adjacências, foram empurrados para o subúrbio. Um dos que migraram da Praça Onze para Oswaldo Cruz foi Paulo Benjamim de Oliveira, o Paulo da Portela, que vai estruturar as escolas de samba e, juntamente com Cartola e Heitor dos Prazeres, divulgar o samba carioca por todo o Brasil, através de shows ao vivo e apresentações pela Rádio Nacional. Paulo da Portela vai ser o arauto dos sambistas, pois conquistou a amizade dos jornalistas e defendeu seus direitos de cidadania, instituindo o mote *"todo sambista tem que estar com pés e pescoço ocupados"*. Paulo dá aos sambistas uma nova forma de se apresentar, atendendo às exigências da sociedade brasileira para os cidadãos da época. Propiciando condições para que sejam vistos não mais como marginais, mas sim como cidadãos brasileiros. Todos têm que estar de terno, gravata e sapatos.

Paulo da Portela efetiva o traço de união entre a cultura nagô, proveniente das tias baianas da Praça Onze, que se apoia no orgulho por sua ancestralidade e tradição negra, com a cultura banta de Oswaldo Cruz, onde ele estimula o sentido de família, transformando em roda de samba a roda de jongo e criando condições para que os seus companheiros da escola de samba tenham orgulho de sua produção cultural.

As escolas de samba possibilitaram um sentimento de pertencimento, restaurando o sentido da família extensiva africana para um grupo que foi brutalmente apartado de seus familiares e de suas tradições.

Paulo da Portela vai ser, junto com Cartola, Natal, Aniceto do Império, Antonio Rufino e Antonio Caetano, um dos líderes das escolas de samba e um dos estruturadores do universo do carnaval, possibilitando o crescimento, a expansão e o respeito que as escolas conquistaram em nossos dias.

Outra faixa é *Daqui para lá, de lá pra cá*. Esta é uma música de 1967/68, quando Martinho estava no Exército e pensava em sair. Para ele era difícil abandonar treze anos de vida militar por uma vida de artista. São Paulo era o centro musical do país. Grandes festivais aconteciam, muito bares e shows acolhiam os artistas. Estrada de lá para cá e de cá para lá. Sexta-feira chegava, era ônibus para São Paulo. Marcos Pereira o incentivou a pedir licença sem vencimentos do Exército, afirmando garantir, todo mês, o dinheiro correspondente ao soldo de Sargento. Até então, ele não havia se assumido como artista. Martinho reorganiza a vida com uma nova parceira, uma menina de Bonsucesso: a Ruça (Licia Maria Maciel Caniné, mãe de Juliana e Tunico).

Cordas e correntes foi feita para um rapaz casado com uma moça mais velha e que conta com a não aprovação da família. A música tem um arranjo especial de Paulo Moura e trata dos problemas da moral social brasileira, da necessidade do livre arbítrio, daquilo que os pais querem para os filhos sem saber o que os filhos desejam.

Viu! Mamãe
Por que não posso assumir
Meu descaminho?
Viu! Papai
Por que não posso reencontrar
O meu caminho, ai
Pra que as cordas e correntes
Se eu já sei aonde tenho meu nariz
Tantos amigos e parentes
E eu assim tão infeliz
Vocês só pensam em noivado, casamento
Que tormento...
Vivem sonhando com aliança no meu dedo
Tenho medo, ai
Se bem lá dentro do meu ser
Há uma vontade muito grande
De viver
Viu papai?
Viu mamãe?

Já *Quero, quero* é um samba suingado. Martinho usa arranjos para valorizar o samba. Domina mais a harmonia, a divisão. É muito ritmo, muita liberação de energia e de interação. A orquestra entra dialogando com Martinho e não apenas enfeitando a faixa.

Manteiga de garrafa é mais uma música romântica, tendo influência de São Luís do Maranhão. É um pouco da cultura maranhense para todo o país, sendo um dos toques do boi bumbá. É mais um mergulho na diversidade das tradições culturais negro-africanas, sendo esta jeje, proveniente do Benin, antigo Daomé.

As festas: samba fantástico! Fala de todas as festas que levam todo o nosso dinheiro. Fala da alegria de viver do povo brasileiro e de nossa tradição cultural africana de convivência, musicalidade e movimento corporal. A composição é de Anézio:

As festas, as festas...
Levam todo meu dinheiro,
As festas que existem o ano inteiro
A fraternidade universal
Mas depois vem fevereiro
E também gasto o meu dinheiro
Comprando a fantasia para o carnaval
As festas...
Depois do carnaval respeito também a quaresma
Vem o domingo Pascoal
E chega o mês de maio
Mês de Maria, com a comemoração
Do consagrado dia das mães
Aquela que é amor, ternura e abnegação
As festas...
Pra terminar o mês de maio
Ainda tenho a festa da coroação
E chego ao mês de junho
Com Santo Antônio, São João, São Pedro
E eu mantenho a tradição
Terminam as festas juninas, julho vai...
Em agosto eu dou de cara com o dia do papai
As festas...
No decorrer do mês de agosto
Eu tenho outras festas
Mas não gasto um tostão
Dizem que ele é o mês dos desgostos
Mas pra mim não traz desgostos não
Depois vem o mês de setembro
E das criancinhas me lembro
Eu dou doces para Cosme e Damião
As festas...

Depois do dia das crianças
Eu tenho um descanso afinal
Vejo a minha situação
Dou um balanço no meu capital
Depois vem o mês de dezembro
E de muitos presentes me lembro
É chegado o dia de Natal
As festas...
As festas, as festas
Levaram também o meu décimo terceiro
As festas que eu fiz durante
O ano inteiro
Por isso ando duro companheiro

Muadiakime é música cantada em quimbundo, um dos dialetos bantos. Significa o mais velho. Música tradicional de Angola, onde os mais velhos são sempre reverenciados pela comunidade e são vistos como detentores de sabedoria. Martinho gravou com um cantor angolano chamado Bonga, que ele conheceu na França. É uma homenagem à sabedoria dos mais velhos, sendo uma mensagem importante num momento em que o mundo não queria acreditar em ninguém com mais de trinta anos, onde a palavra de ordem era a da juventude.

Ê cacheado foi composição feita após muitas voltas de jangada no Ceará, vendo apenas céu e mar, após visita a um lugar chamado Prainha, que lhe deu muita inspiração. Esta música contou com o arranjo fantástico de estreia de Rildo Hora, que a partir de então passou a ser o seu arranjador oficial. Deste disco em diante, Rildo passou a estar presente na arte e na vida de Martinho.

Em 1978 surge o disco **Tendinha**, de alta criatividade e onde Martinho se assume como cantor e como artista de palco. Nessa época ele andava muito em casa de Candeia, que sempre pedia o samba de pé no chão, com cavaco e violão. Este registro ficou na cabeça do compositor. Comentou com Rildo Hora, que sugeriu: "Bota o pé no chão, bicho! Faça um disco de pagode redondo!" Foi o que resolveu fazer. Pensou em três faixas de um lado e três do outro. Chamou os parceiros: Neoci, Jorge Aragão, Almir Guineto, estava completo o time.

Na hora de lançar o disco, a gravadora estava a fim de lançar artistas de iê-iê-iê na festa do Martinho. Martinho acaba com a festa e banca o lançamento do disco, que é um sucesso.

Tendinha foi um disco que vendeu muito. Teve show em teatro dirigido por Fernando Faro, onde ele ambientalizou o samba na favela, com uma tendinha onde acontecia uma roda de samba. O cenário foi de Elifas Andreato:

> No palco o dia está amanhecendo, alguém rouba uma galinha. Surge, então, o pessoal se cotizando para o almoço. Começa o jogo de ronda e se forma a roda de partido-alto, com a presença de Neoci e a participação, pela primeira vez num palco, de Almir Guineto e de Jorge Aragão.

A partir deste show Martinho passou a gostar do palco, fazendo uma modificação estrutural em sua carreira, unindo sua experiência de vida, com contatos feitos em Angola a partir dos anos 1970, com muita musicalidade e poesia, tendo como resultado um sucesso absoluto.

O ano de 1979 é o do **Terreiro, sala e salão**, onde encontramos os diferentes lugares de aceitação da música de Martinho, isto é, em todos os espaços.

Terreiro era o nome dado às casas de candomblé em todo o país no início do século XX, local de transmissão de conhecimentos, rituais de integração e de encontro com amigos, familiares e agregados. Por conta das tias baianas festeiras da Praça Onze, como Tia Ciata, foi estendido ao espaço sócio-cultural do samba, que pode ser entendido como o quintal dos sambistas, agremiações de bairro ou qualquer espaço onde o samba seja desenvolvido.

A expressão "terreiro" nos remete à ideia de comunidade, de grupo familiar extensivo. Famosos são os quintais de Oswaldo Cruz, pequenos terrenos, algumas vezes com jardim ou com horta, atrás, dos lados ou na frente das casas, onde os fundadores da Portela serviam seus almoços e seus jantares, jogavam bola e sueca além de, como não poderia deixar de ser, cantarem samba. Com o sucesso da Velha Guarda da Portela, os quintais passaram também a ser locais para os ensaios do grupo, sempre regados a muita comida e bebida.

No chão de terra dos quintais, que era molhado para não levantar poeira, o samba acontecia, sendo tais encontros conhecidos também como pagodes de fundo de quintal.

As escolas de samba passaram a ter o seu espaço social conhecido como terreiro, que se transformou na quadra cimentada, com o advento da classe média e com a modernização das agremiações. A ideia de terreiro nas escolas de samba se prende ao grupo religioso estruturador da escola, que criou melodias que a identificam e a representam, sendo o grupo que exerce um papel fundamental na roda de samba de cada agremiação: as baianas.

Na comunidade do samba, o terreiro ou quadra, por permitir grande participação comunitária, propiciou a criação de um estilo musical, relacionado à roda do samba, por gerar o canto em conjunto, a dança coletiva e todas as manifestações da vida, como comer e beber. Os terreiros, por permitirem a confraternização de diferentes estilos musicais e classes sociais, tornaram-se o lugar do encontro de sambistas e aficcionados do samba, sendo o espaço de transmissão e divulgação dos chamados sambas de quadra, que usam como temática o cotidiano da escola de samba e de seus componentes.

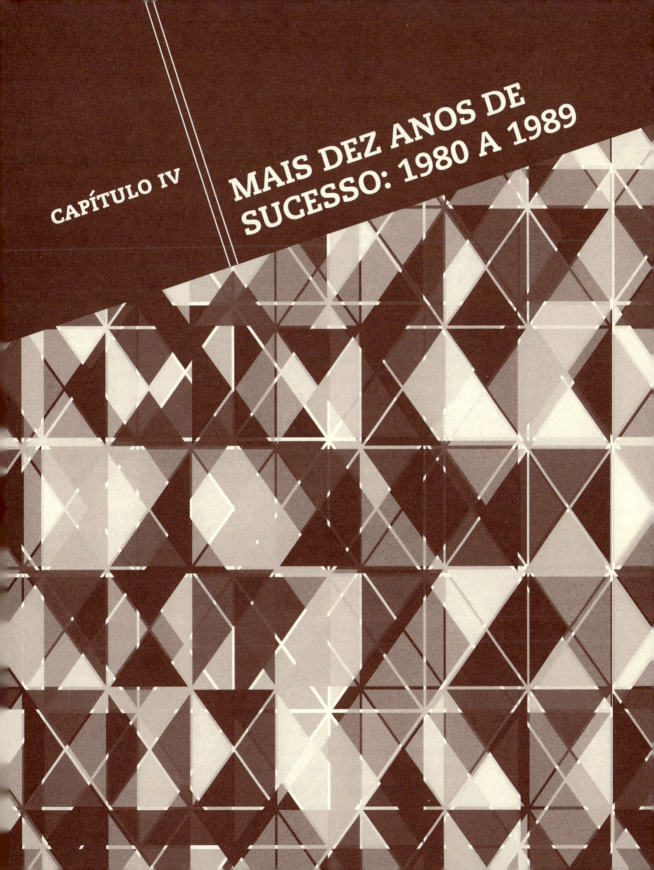

CAPÍTULO IV
MAIS DEZ ANOS DE SUCESSO: 1980 A 1989

A ascensão do pop e o renascimento do rock após o punk contribuíram para a difusão de visuais e comportamentos que caracterizaram a década de 1980. Os cabelos estilo *mullet*, usados pelos cantores e músicos, e a predominância na moda das cores cítricas e das ombreiras, derivados da estética da new wave, um dos subgêneros do pop-rock oitentista, são exemplos dessas características visuais que diferenciaram os anos 1980 dos demais.

Com o advento da "geração saúde", o culto ao corpo e à juventude se tornou uma das manias da época. Não só a cultura das academias de ginástica, mas também o uso de peças de roupas esportivas entrou na moda. A sobreposição de peças no vestuário feminino ganhou as ruas. A televisão usava as novelas para divulgar os ritmos estrangeiros e todo um visual simplificado e prático.

Mas não foi só o visual do jovem que mudou. Logo no começo daquela década, novas tecnologias de comunicação e de entretenimento mudaram estilos de vida e formas de fazer negócios, e aproximaram culturas. Essas inovações tecnológicas, junto principalmente com a música, a moda e o cinema, ajudaram a cultura pop a se consolidar como um fenômeno global e dominante a partir dos anos 1980. Em meio a tudo isso, Martinho sobrevive e faz sucesso com suas músicas, sempre valorizando nossas raízes negras e indígenas.

O disco que inaugura a década é o **Samba enredo**, o que nos obriga a fazer um pequeno histórico sobre este estilo de samba, que hoje sofreu muitas mudanças e aceleração no ritmo.

Nos primeiros anos de existência, tendo como matriz os ranchos carnavalescos, as escolas de samba não apresentavam em seus desfiles um samba-enredo. Um refrão era entoado pela escola e os compositores, posicionados à frente e atrás do contingente, formado por dezenas de pessoas, improvisavam os versos, submetidos ao tema do estribilho. O grupo se fantasiava ao bel-prazer, sem uma unidade temática para fantasias determinada pelo samba.

Nos anos 1940, algumas escolas de samba focalizaram em seus desfiles o assunto daquele momento, a Segunda Guerra Mundial. Mesmo assim, nem todas as alas se fantasiavam de acordo com o tema desenvolvido no enredo e narrado pelo samba-enredo. A indumentária masculina predominante era o terno, invariavelmente acompanhado da gravata e do chapéu, e o traje das mulheres reproduzia o guarda-roupa das damas da chamada alta sociedade. Além do samba principal, era costume a apresentação de uma ou mais músicas ao longo do desfile, fato que ocorreu até o início dos anos 1950.

No final da década de 1960, o Martinho introduziu uma nova estrutura nos sambas-enredo da Unidos de Vila Isabel, o que tornaria mais ágeis os desfiles. Os sambas tornaram-se mais curtos e um estribilho bem comunicativo proporcionava uma maior interação entre brincantes e espectadores. As fantasias eram adequadas ao tema, bem como os carros alegóricos. Naquele momento, exatamente em 1967, o samba *Quatro séculos de modas e costumes* faz um enorme sucesso, seguido em 1968 por *Iaiá do Cais Dourado*, música que despertou o interesse das multinacionais do disco.

Em 1968, veio a público o primeiro long play (LP) com sambas--enredo, produzido por Norival Reis, Expedito Alves e Nilton Silva, sob a chancela do selo Relevo, intitulado "Festival do Samba", já que era a época dos festivais.

A partir de 1970, as escolas passaram a ter o compromisso de apresentar o samba-enredo para a gravação do disco e, também, de haver uma limitação de tempo para cada uma desfilar, o que contribuiu para que os sambas acelerassem o andamento. Mais ou menos na mesma ocasião, os desfiles passaram a ser cronometrados e, desse modo, as letras foram-se reduzindo, a fim de que fossem atendidas as exigências de tempo, no estúdio e na avenida.

Ao longo de mais de meio século de existência do samba-enredo, a letra serve para roteirizar a história a ser contada/cantada pela escola, possibilitando ao público, que, quase sempre, não dispõe de um texto explicativo do enredo, entender o tema em desfile, o motivo das fantasias, a concepção das alegorias e certos passos da dança. Por isso, o grande mérito de um bom samba-enredo é evidenciar em versos o que a escola se propõe a apresentar no carnaval.

O samba-enredo é, indiscutivelmente, o hino da escola naquele determinado ano, e a comunidade, após a calorosa rivalidade da disputa, soma esforços para seu êxito no desfile, pois é o caminho mais curto e mais seguro para o sucesso.

Martinho homenageia os compositores e as escolas, gravando neste disco os sambas-enredos que considerou mais significativos no cenário musical carioca, até os anos 1980, perpetuando em nossa memória a arte de compositores de escolas que até não existem mais.

São eles:
- Quatro séculos de modas e costumes – Vila Isabel, 1968
- As três capitais – Imperatriz Leopoldinense, 1965
- Sublime Pergaminho – Unidos de Lucas, 1968
- Benfeitores do Universo – Cartolinhas de Caxias, 1953
- O Grande Presidente – Mangueira, 1956
- Machado de Assis – Boca do Mato, 1959
- Legados de D.João VI – Portela, 1957
- Dia do Fico – Beija-Flor, 1958
- Os cinco bailes da história do Rio – Império Serrano, 1965
- Amazônia – Filhos do Deserto, 1956
- Ao povo em forma de arte – Quilombo, 1978

As produções de Martinho cada vez mais passaram a demonstrar a profunda consciência dos valores que lhe foram legados, revelando sua identidade pautada na herança afro-brasileira, que ele revela com clareza na contracapa do disco **Canto livre de Angola**, de 1983:

> Eu vivo de festa. A melhor maneira de não se estafar com um grande trabalho é se divertir com ele. Tudo pra mim é diversão e faço tudo para que todos os que jogam no meu time fiquem numa boa também. Nem sempre as diversões têm que ser descontraídas: pode ser uma coisa forte, com lágrimas. Emoção. Não gosto de diversão tipo "oba oba". Cresci curtindo as mortes nos divertidos gurufins da Serra dos Pretos Forros.
>
> Na Boca do Mato, gurufim é, ou era, uma festa como os emocionantes e animados combas (enterros) de Angola.
>
> Angola é uma festa com fogos ao Norte e fogueiras ao Sul. Caiu um mirage! Vamos festejar!
>
> Todas as vezes que estive em Angola foram tempos de festa. Fizemos muitas farras lá, resolvemos fazer uma festança aqui. "Vadiar muito..."

Cabe salientar que traduzir o cotidiano em suas músicas marca cada vez mais a obra do Martinho. Em 1982 a filha Juliana, a caçula na época e terceira filha mulher, tivera sua primeira menarca. Martinho registrou de forma poética e criativa, em seu disco de 1983, **Novas palavras**, no qual temos uma visão mais política e informações mais precisas do som africano e de palavras em quimbundo. A delicadeza e o senso de oportunidade, relacionados às cores das escolas, fazem de *Salgueiro na avenida* a grande homenagem de um pai para a filha que se tornou mocinha.

Oitenta e dois dezembro dezessete
Pela vez terceira a história se repete
Desta vez com a Juca, a Juju, Juquinha
Minha Juliana ficando mocinha
É um corre-corre
É um pula-pula
É o Salgueiro que pintou na avenida
Mas que bonito
Ela já ovula
Daqui pra frente marcas no papel
Todo mês Salgueiro, todo mês São Carlos
Todo mês Unidos de Padre Miguel
Até que um dia não haja desfile
Um sinal de vida
Netinho ou Netinha?
Para o papaizinho
Pra mamãe Rucinha
Serei vovozinho
Será vovozinha

    Nosso poeta usa e abusa das palavras, de forma objetiva e muito clara, dominando o universo simbólico da cultura negra, integrando e criando o mundo. A palavra negro-africana tem um sentido abrangente: faz história, sendo elemento constitutivo da identidade profunda da comunidade, sendo uma arte.

    Ao usar a palavra transbordando em emoção, Martinho tornou visível o invisível, fazendo-se poema, olho no olho, que se faz janela do mundo, ensinando o espírito a compreender que invisível é o que não é visto e que se faz ver.

    Martinho transforma a natureza a partir de uma prática adquirida pelo trabalho. Obtém ideias e com essas ideias reformula a prática: *pensa*. Tem consciência e esta surge ligada à reflexão sobre a realidade objetiva. É a consciência que leva o nosso poeta a tentar cada vez mais dominar a natureza. Porém ele ultrapassa seus limites e possibilidades, inclusive a força do próprio pensamento, passando a concorrer com a natureza. Desta forma, inventa a *arte como magia, ritual que tenta transformar o que não se consegue por meio de formas técnicas*. E de associação em associação inventa novas palavras, chega à abstração, codifica sons, descobre signos e se expressa em palavras escritas sob forma estética: a *literatura*. No disco **Novas palavras** contamos com um Martinho impregnado pela literatura, que escreve poemas e histórias, muito consciente da força das palavras.

Já em **Criações e recriações**, de 1985, encontramos no disco a inscrição: direção artística Miguel Propsk. Algo muito raro de ocorrer.

Nem sempre o Diretor Artístico de uma gravadora tem influência na produção de um disco. Às vezes, muito mais importante é o Diretor de Produção, normalmente chamado de Produtor, pois é ele quem lida mais diretamente com o artista e com os técnicos. Na maioria de seus discos, Martinho mesmo idealizou a concepção. Os dois primeiros foram produzidos pelo Romeu Nunes e os demais pelo Rildo Hora. Dos mais recentes o produtor é o Marco Mazzola.

Neste disco, como o próprio nome traduz, ele pensou em colocar as criações novas e recriar outras, com nova roupagem, como no caso do *Carnaval de ilusões*.

A primeira faixa, *Recriando a criação*, é uma musica romântica feita com o Zé Catimba para o Festival dos Festivais da Rede Globo, e que foi defendida pelos filhos Martinho Antônio, Analimar e Mart'nália, que ele apelidou de Trinca Própria.

A segunda música, nova também, *Polígamo fiel,* é individual. Com o saudoso parceiro Gracia do Salgueiro, *Fica comigo mais um pouco. Ninguém conhece ninguém* foi gravada anteriormente no segundo LP, **Meu laiaraiá**.

Carnaval de ilusões foi o primeiro samba-enredo feito para a Vila Isabel, e foi com esse enredo que a Vila se projetou como grande escola de samba e se firmou entre as chamadas grandes, Portela, Salgueiro, Império e Mangueira. A Vila tirou o quarto lugar e as quatro grandes passaram a ser cinco.

Do outro lado tem *Muita luz*. Essa música foi feita com o João Donato, músico e regente que atuou muito tempo nos Estados Unidos.

Martinho conta como foi essa parceria com João Donato.

Ele é do time do João Gilberto, mas é muito da minha política, parceiro de músicas e copos. Um dia ele me chamou para a casa dele. Na chegada ele não me ofereceu uma bebida, como era de costume. Me serviu um cafezinho. Fomos para o piano e começamos a brincar, ele teclando onde os dedos iam e eu cantarolando o que vinha na cabeça. Assim criamos uma melodia. O problema agora era só meu.

Puxei conversa para ver se arrancava um mote dele para fazer a letra, fui ficando meio entusiasmado e deu vontade de tomar uma cerveja e o convidei para irmos buscar num barzinho próximo. Aí ele falou: "Martinho... Brilhou uma luz e eu parei com a bebida. Aqui em casa agora só café e água, muita luz e muito Jesus."

Achei muito engraçado a gente bebendo água e café ao redor do piano, mas ele, sem saber, me deu o enfoque, a luz. Em casa, pintou muita luz, lembrei de Jesus e fiz uma letra luminosa.

Muita luz
Lâmpadas, faróis, lanternas
Archotes, velas, lampiões
Lamparinas, gambiarras
Holofotes e clarões
Clara luz que vem de longe
Brilhos no meu coração
Se eu estou na claridade
Quero luz pro meu irmão
Relampejos, pirilampos
Lua, sol, brilhante olhar
Céu vermelho,
Além dos campos
Ofuscante cintilar
A beijos, abraços, afagos
O fogo do amor conduz
Como a estrela que guiou os magos
Pr'aquele que é sempre luz
Lâmpadas, faróis, lanternas [...]

Tenho outras parcerias com o João Donato. Uma delas, *Gaiolas abertas*, foi gravada pela Nara Leão. A nossa mais recente é o samba

Suco de maracujá. Ele foi lá em casa, naquele condomínio de Vila Isabel, cantarolou a melodia e eu gravei. Ouvi muitas vezes e nada de inspiração para a letra. Liguei para ele e falei que tinha gostado muito da melodia, mas estava difícil achar um caminho, precisava de uma dica. Ele me disse: "Toma uma catuaba para se empolgar e faz qualquer coisa que vai ficar bom. Depois toma um suco de maracujá pra se acalmar."

Pronto. Era o mote que faltava. Na mesma noite consegui. Essa música participou do CD **Brasilatinidade** de 2005.

Suco de Maracujá

Pra me casar com você
Eu vou ter que me cuidar
Contratar um personal
Treiner pra me acelerar
Também vou ter de fazer
Uma dieta alimentar
Catuaba no almoço e ostras antes do jantar
Quando a gente for deitar
Um bom pó de guaraná
Se a quentura tiver morna
Come um ovo de codorna
E se a noite for infinda
Aí só Pau de Cabinda
Se ela quiser bis no fim
Pimenta no amendoim
E depois pra me acalmar
Suco de maracujá

Provocou curiosidade a citação do pau-de-cabinda, entre os afrodisíacos naturais. Nos shows todos riam quando se explicava: "Lá em Angola, quando acontece um casamento, depois da solenidade os noivos são os primeiros a sair. Não vão para lua de mel em outro lugar, vão para casa, direto para o leito e só saem depois do último convidado. A festa costuma durar a noite inteira e o casal fica trancado no quarto, anteriormente preparado com comida, bebida e outras coisas, inclusive um chá de pau-de-cabinda, para o cara não falhar. Dizem que ele fica de barraca armada a noite inteira."

Roda ciranda foi feita a pedido da Alcione para ela gravar com a Bethânia. Que problema! Perguntei à Marrom o que ela queria que eu falasse na música e ela disse: "Faz um samba bonito que a gente grava, não importa o assunto."

Falei com a Beta e ela também não tinha um caminho, mas falou: "Pensa num samba de roda pra fazer todo mundo rodar. Girar é bom." Foi o mote que eu precisava. Aí saiu *Roda ciranda*.

Roda Ciranda
Ciranda de roda
De samba, de roda da vida
Que girou que gira
Na roda da saia rendada
Da moça que dança a ciranda
Ciranda da vida

Que gira e faz girar a roda
Da vida que gira
Que gira e faz girar a roda
Da vida que gira

Na cabeça do bom Santo Amaro
Que é da purificação
E nas águas que rodeiam a ilha
De São Luiz do Maranhão
Na rodilha embaixo da talha
E em cima do torço da negra
Que ainda rebola

Nas curvas da vida da velha
Que ainda consola
A criança que chora
A roda é pra rodar na gira
Da vida que roda
Olha a roda, olha a roda

A roda é pra rodar na gira
Da vida que roda
Ciranda de roda

É ainda deste **Criações e Recriações** uma parceria com João Bosco. Martinho fala sobre *Odilê, Odilá*:

> Eu e João Bosco estávamos em São Paulo. Jantamos juntos e saímos para tomar umas caipirinhas numa fria noite paulista. Fomos em boate cheia de piranhas, não nos demoramos e paramos em botequim, depois em outro e mais outro, até altas horas da madrugada. À procura de um táxi, encontramos em uma esquina uma baiana que vendia quitutes e cocadas, batucando com uma mão e cantando. Ao me ver ela gritou "ô dilê!" e eu respondi "ô dilá", me aproximando.
> – Tô com frio!
> – Tem uma cachacinha aqui, na encolha.
> – Tava batucando, baiana, pode continuar.
> Aí batucamos também nas palmas e ela cantou uma porção de sambas de roda que a gente não conhecia. Na saída eu pedi mais uma, ela deu outra pro João e ele agradeceu cantando como um preto velho. Cheios de cachaça fomos embora felizes, com aquela imagem na cabeça.

A narrativa de Martinho de seu passeio na noite paulista nos fez refletir sobre nossa religiosidade africana. Sabemos que Ilê é terra. Odilê é aquele que é daqui e, quando diz Odilá, você fala para a gente do Orum, do espaço. A baiana representa exatamente esse traço de união entre o visível e o invisível: é uma coisa fantástica. Tudo acontece como se fosse magia. Os grandes malandros representam "odilê e odilá!", sendo traço de união entre o mundo que vemos e o que intuímos.

Depois da noite do encontro, o João Bosco contou para Martinho que aquela baiana não saía da cabeça dele e que havia tirado uns sons do violão pensando nela. Imediatamente Martinho correu para a casa do João e lá ficaram conversando sobre aquela noitada, quando, então, Martinho criou a letra para a melodia de João Bosco:

Odilê Odilá
Odilê, odilá
Que que vem fazer aqui, meu irmão
Vim sambar
Odilê, odilá
Que que vem fazer aqui, meu irmão

Vim sambar, obá
Entra na corrente
Corpo, mente
Coração, pulmão
Pra junto com a gente viajar
Na energia-som
Quem veio de longe atravessou raio e trovão
Pra cair no samba e receber a vibração
Odilê, odilá...
Com a negrada do Harlem, Jesus Cristo
Também vem
E pra sair do transe só com sino de Belém
Quem faz romaria e procissão, samba também
E quem tá comigo, tá com o povo do além
Odilê, odilá
Quem samba, se sobe tem comba, tem gurufim
Teve um olho d'água
E um sorriso de marfim
Se volta beijada, é pigmeu ou curumim
Vira preto-velho pra sambar com a gente assim

Traços de união é uma recriação também, feita para um disco da Beth Carvalho que tem esse título. Conta a história da nossa música negra, originada no trabalho dos escravos.

Semba dos ancestrais nos toca profundamente, por sua força e base africana. Surge como homenagem a Rosinha de Valença, grande admiradora dos sons africanos transportados para o violão. Foi a maior violonista da nossa história.

Comentou Zé Ferreira sobre Rosinha:

Ela gostava de me ouvir cantar e em nossas viagens me chamava para ir ao seu quarto cantar para ela. Rosa pegava o violão e ficávamos brincando e tomando cerveja, e ela me mostrou um som que havia feito no campo do merengue, da salsa. Passado um tempo, a atriz Jacira Silva (que bonita que ela era!) foi comigo para Angola como apresentadora dos meus shows e, em conversa, me disse que gostaria de ser também cantora, que alguém tinha oferecido para ela uma chance e me pediu uma música. Lá em Luanda ela parecia angolana e me falou que se sentia como tal. Veio à minha cabeça aquele som da Rosinha de Valença e eu fiz a música para a Jacira. Infelizmente a Jacira foi para o céu antes de gravar e eu gravei no **Criações e recriações**, que tem a participação do Martinho Antônio em *Muita luz*, que eu fiz com o João Donato, a T'nália em *Retroz e linhas*, parceria minha com o Hermínio Bello de Carvalho, e a Analimar canta comigo o citado *Semba dos ancestrais*.

Semba dos Ancestrais
Se teu corpo se arrepiar
Se sentires também o sangue ferver
Se a cabeça viajar
E mesmo assim estiveres num grande astral

Se ao pisar o solo teu coração disparar
Se entrares em transe sem ser da religião
Se comeres fungi, quisaca e mufete de cara-pau
Se Luanda te encher de emoção
Se o povo te impressionar demais
É porque são de lá os teus ancestrais
Pode crer no axé dos teus ancestrais.

Martinho demonstra como cada um de nós responde pelos outros, sendo uma coletividade. Assim, quanto maior for a família, incluindo ancestrais, amigos e filhos, maior a energia de vida, ou axé, que cada um de nós vai ter.

Nos anos 1980, a Rádio MEC-AM do Rio de Janeiro tinha um programa voltado para música popular brasileira, pelo qual eu era responsável, que se chamava Samba na Palma da Mão, onde, em 1986, entrevistei o Martinho sobre o disco **Batuqueiro** e sobre a invasão que nossas rádios sofriam, e continuam sofrendo, de música estrangeira. O depoimento foi tão precioso que não posso deixar de transcrever:

Esse negócio de samba verdadeiro, as pessoas falam em relação à instrumentação que se usa, mas nos tempos de hoje é tudo muito misturado. É difícil identificar exatamente o tipo, pois a família do samba é muito grande. Tem várias formas de samba. O baiano, o mineiro, o carioca... O que estão fazendo hoje com um toque sertanejo e é rotulado como "samba paulista" não é um samba paulista, pois samba paulistano é o de Adoniran Barbosa e o do Paulo Vanzolini, por causa da linguagem.

Às vezes a gente faz uma música com uma intenção típica e quando é gravada não se sabe se é xote, se é baião, se é xaxado, se é coco... Tudo é forró, e pode ser eletrônico. Um semba (ritmo de Angola) se confunde com merengue, calipso (ritmos do Caribe)... Tudo é salsa. Quando a bossa nova surgiu diziam também que não era samba! Bossa nova é samba! Só que tem uma forma própria, se preocupando mais com a harmonia, sem tocar em temas nacionais ou sociais. Se você analisar as letras básicas da bossa nova, é tudo light: o barquinho que vai, a garota que passa, é uma coisa assim! E o samba dos grupos chamados de pagode, é do mesmo jeito, só que na bossa nova havia poesia e os pagodeiros priorizam a linguagem direta, se preocupando com a comunicação, com a dança, com a alegria!

Eu acho ótimo o grupo Fundo de Quintal ser visto por parte da juventude como novidade, porque tudo o que a gente não conhece, ao receber a informação, soa como coisa nova. A maioria dos jovens está começando a sacar o samba de raiz que para eles é um som novo. Quem acompanhou a história da música sabe que isso é consequência de um trabalho que vem de muito tempo.

Os pagodes de fundo de quintal são anteriores ao surgimento das escolas de samba, que cresceram, ganharam notoriedade e hoje têm importância política, social, força econômica e são uma grande atração turística. Saiu um pouco do domínio do pessoal das comunidades. Os ensaios eram em terreiros, morros, e passaram para as quadras, nas ruas. Os pagodes saíram dos fundos de quintais e ganharam os botequins, as portas dos bares e foram para casas noturnas, teatros etc.

Paulinho da Viola é um pagodeiro, embora não pareça, mas é um pagodeiro. Tirando algumas faixas mais rebuscadas, que ele se permite e eu acho ótimo, já que é bom a gente dar uns voos de vez em quando. De maneira geral, o compadre Paulinho faz o pagode que sempre esteve, está e estará presente em nossa realidade. A dança da solidão é um pagode.

O Zicartola, que já faz muito tempo, era como uma rodinha de samba que se fazia nas associações de escolas de samba, sendo parte de um movimento de resistência contra a enorme invasão de músicas estrangeiras, que quase dominaram a totalidade das emissoras de rádio do país.

O rock brasileiro poderia ter ficado muito mais tempo nas paradas se tivesse havido um certo cuidado com a parte artística do disco e a parte técnica; se não lançassem discos em abundância como lançaram. Houve um momento em que qualquer filhinho de papai que tinha uma garagem para fazer barulho, ia para o estúdio e gravava um disco. Tal fato não foi de todo mau porque, de qualquer forma, a juventude estava fazendo música, o que é sempre legal. Quando a coisa deu pé as gravadoras produziram de qualquer maneira. Surgiram, então, os pagodes que chegaram com vitalidade total, recuperando o tempo em que, por conta da força da música estrangeira, estiveram sem espaço.

Nós temos pagodeiros, de montão. Os pioneiros deram a base pra gente estar fazendo samba hoje e a maioria já subiu. Candeia já se foi e um monte de outros como Aniceto do Império. Eu gostava muito do Aniceto. Gravei com ele. Aquele tipo de samba purinho. Aniceto poderia até ter gravado mais discos individuais, mas ele não permitia que se fizesse um disco que não fosse com aquela base miúda, de cavaquinho e violão. Ele não gostava de baixo, bateria, nem nada. Eu acho que o Zeca Pagodinho tem muito de Aniceto do Império, mas nem sei se ele conheceu bem o Aniceto, se foi por influência da musica do Aniceto, mas tem algumas coisas dele que é a marca do Aniceto do Império com outra roupagem. Beto Sem Braço é um grande pagodeiro. O Beto nem fazia samba, ele era o meu admirador e versávamos nos pagodes. Grande parte do pessoal foi chegando por enturmação. O Almir Guineto, por exemplo, não era cantor, era diretor de bateria do Salgueiro, tocava uma violazinha e a gente fazia uns pagodes e brincava de improvisar no partido-alto. Eles nem pensavam em cantar. Eu falei para eles que, como improvisavam tão bem no partido-alto, poderiam fazer samba como eu, que deveriam tentar. Não sei se foi só isso, deve ter outros fatores, mas eles passaram a compor e o Beto, que foi meu parceiro, é um dos grandes compositores que nós tivemos. O Almir Guineto também. Sua voz foi registrada pela primeira vez em disco ao dividir comigo a faixa *Mulata faceira*, no CD **Tendinha**.

No **Batuqueiro** eu tentei passar um pouco da história do pagode. Se eu falar legal mesmo, é um simples disco de pagode, só que ele tem a história do pagode, já que um grande pagodeiro era o Ataulfo Alves, bem como o Assis Valente. Então, eu botei uma música do Ataulfo de parceria com o Assis Valente, uma música muito simples, mas eles fizeram coisas maravilhosas, muito poéticas.

O pagode é uma festa, onde as pessoas estão soltas, conversam e bebem. Ninguém tem que ficar ouvindo uma música no pagode, ele pode conversar, pode ir lá para o canto, ele pode beber, comer junto, é uma confraternização, isso é um pagode. Agora, o pagode como música é qualquer samba que tenha linguagem da malandragem carioca. Logo, pagode não é só um partido-alto. O pagode pode ser um samba romântico.

Podemos caracterizar o pagode como produção nitidamente brasileira e particularmente carioca. Quando nós fazemos um samba-enredo da pesada, o pessoal que é mesmo do meio fala: "isso é pagode"; um samba de quadra maneiro é pagode.

O *Patrão prenda seu gado*, que eu gravei no LP **Canta, canta minha gente** de 1975, é um pagode dos mais antigos, criado pela santíssima trindade da música popular brasileira: Donga, Pixinguinha e João da Baiana.

Nessa ocasião Martinho citou a contracapa do disco, onde falava do ritual do pagode. Fiquei entusiasmada pelas informações preciosas do texto, dada a sua relevância histórica e cultural, tendo comentado alguns trechos pela Rádio MEC. Por conta de sua importância, já que a considero referência básica para o entendimento de nossa música popular, apresento o texto na íntegra neste trabalho:

O Ritual do Pagode
Batuques, pagodes, partidos-altos, batuqueiros, pagodeiros e partideiros se confundem, desde o início quando tudo começou nas senzalas.

Há diferenças musicais quase imperceptíveis entre o partido-alto e o samba de partido-alto. Este é quase um samba de terreiro, atualmente chamado de "quadra" que é feito para animar os ensaios. Tem a primeira parte definida e a segunda improvisada sem maiores regras. Já o partido-alto é composto com um refrão e uma parte improvisada em cima do tema.

Tem característica rítmica definida e maneira especial de dançar. O partido-alto, creio eu, surgiu nas rodas de batucadas que já não existem mais... Ah! Como eram emocionantes. Nas escolas de samba, quando terminavam os ensaios e as visitas iam embora, começavam as batucadas.

Eram um barato! Recolhidas as peças de bateria, ficavam somente um ou dois pandeiros. Formava-se uma roda, o partideiro puxava o refrão, e a turma repetia e firmava o compasso com palmas de mão. Seguia-se um desafio de versos e pernadas. No meio da roda, um partideiro animando e o outro "plantado", isto é, parado com os calcanhares juntos, braços abertos para melhor equilibrar o corpo, joelhos meio dobrados e olhos atentos nos pés do outro, gingando e fazendo mesuras para, repentinamente, mandar-lhe uma rasteira. Podia-se dançar em volta do "plantado", mas não se dava rasteira por trás, isto é, ninguém "pegava" pelas costas, muitos preferiam "plantar", com os joelhos e ponta dos pés unidos, calcanhares separados, mas em ambos os casos, o "plantado" não podia se mexer. Os mais folgados plantavam com uma perna só e a outra fazendo um quadro, o que facilitava muito o corcoveio ou o salto de banda, mas, nesta posição, o parceiro preferia sempre bater "o firme" e, quando pegava de jeito, a queda era feia. Muitos braços se quebravam nas batucadas. Alguns especialistas batiam de "letra", o primeiro caía de lado. Era desmoralizante. Neste caso, o batuqueiro que aplicava a "letra" corria o risco de cair se o "plantado" estivesse bem firme no chão. Mais desmoralizante ainda. O "amarrado" era a pernada mais bonita. Com o joelho desequilibrava-se o parceiro e encaixava-se o gancho com a mesma perna. Não era necessário força, a queda era lenta.

Os grandes batuqueiros eram chamados de "pernas".

Lucas era um reduto de "pernas". Eu ainda miúdo batuquei com muitos "pernas" famosos como Timboca, Juarez, o Ailton Cuiqueiro e o Murilão, todos da Boca do Mato, bem como o Clovis e o Valdo Tigre, ambos da Água Santa, ou o Jonjoca e o Xisto, mestre-sala da Cachoeirinha, e o Tidoca do Cabuçu. O Guarnair da Chave de Ouro, o Bacalhau e o Waldir Lua do Outeiro eram também bons "pernas". Batuquei no Catete, no Chave de Ouro, no Tabuleiro da Baiana, na Cachoeirinha, na Cachoeira e nos piqueniques da Moreninha e Paquetá, locais de reunião de grandes batuqueiros.

As batucadas se acabaram, mas a dança do partido-alto ficou. E como é bonito nos pés do Ubirani do Cacique, bem como nos do Paulinho da Viola, Dona Ivone Lara, Ytaci do Império, Tia Neném e Tia

Zezé do Salgueiro, Genilson Veneno da Mangueira, Dona Doca e toda a velha Guarda da Portela.

Enquanto o canto do partido ganhou novas formas, penetrou nos grandes acontecimentos musicais, entrou no disco e atingiu o consumo onde são incluídas todas as formas de samba dançável livremente, foi chegando de mansinho e ganhando terreno. Dos fundos de quintal do subúrbio, foi para as portas de botequins, no centro da cidade, casas noturnas e teatros.

O pagode é uma festa e como gênero de música é qualquer samba com a linguagem e temas do cotidiano.

A Fina Flor do Samba, no Teatro Opinião era um grande pagode, assim como foi também o Zicartola, organizado em 64 na rua da Carioca e, mais ou menos na mesma época, Candeia organizava o grupo de pagodes registrado em disco como Mensageiros do Samba, do qual faziam parte o próprio Candeia, tocando cuíca, e mais: Casquinha, Bubu, Davi do Pandeiro, Arlindo e Picolino. O Zicartola deu origem ao grupo Rosa de Ouro, formado por Paulinho da Viola, Nelson Sargento, Jair do Cavaquinho, Elton Medeiros, Anescarzinho, Aracy Cortes e Clementina de Jesus. Que maravilha era o Rosa de Ouro! Alguns anos depois o grupo passou a se chamar Os Cinco Crioulos, com Mauro Duarte em lugar de Paulinho da Viola, que ganhava vida própria, assim como Aracy e Clementina. Zé Keti, também na briga, deu a sua colaboração com o grupo A Voz do Morro, que no duro no duro, era a mesma patota: Elton, Jair, Anescarzinho e Paulinho, acrescidos de Zé Keti, Oscar Bigode e Zé Cruz, que tocava chapéu de palha, e depois o Grande Nelson Sargento. O pagode já acontece no ambiente familiar dos apartamentos.

Pra se formar um pagode em casa, basta reunir um grupo de amigos que esteja a fim de vadiar em comunidade, servir cachaça, cerveja e batida como bebida; mortadela, salaminho e pastel ou qualquer outro salgadinho como petisco. Colocar um disco na vitrola e deixar o pessoal batucar em cinzeiros, garrafas, copos, pratos, panelas, cada um à sua maneira, tentando acompanhar o ritmo. Os mais desinibidos devem incentivar os outros a libertar o corpo, soltar as gargantas, mexer com as mãos. Devagarinho vai se criando o clima, e antes da terceira hora o pagode está formado. Por favor, nada de serviçais uniformizados. Misturem os empregados com as visitas, pois nêgo trabalhando em pagode sem participar é tortura. Bem, fica melhor sem aparelhagem

de som, mas tem que ter uma turma que esteja por dentro dos refrões e partidos, um que toque tantan, outro pandeiro, um outro mais cavaquinho, e pagodeiro que saiba puxar os sambas do Zeca Pagodinho, do Almir Guineto, Bezerra da Silva, Grupo Fundo de Quintal...

No dia seguinte, uma sensação de liberdade, assobios pelas ruas, mãos batucando nos volantes do trânsito congestionado.

Atenção!

É importante que as bebidas quentes sejam trazidas pelos convidados e que as geladinhas sejam compradas na hora, aos poucos, com todos participando da vaquinha.

Tem mais. Pagode sem mulher dando sopa não dá pé e só fica realmente "da pesada" quando rola uma sopa com várias colheres no mesmo prato pra se tomar em conjunto. É o ritual.

Martinho da Vila, Junho, 1986.

Em 1984 os pagodes estouraram nas paradas e Martinho se reafirmou como o Martinho da Vila Isabel, cujo maior sucesso foi o *Na aba*, do Paulinho, Nei e Trambique. O samba sofreu muita repressão na época. As rodas de samba tinham de ser feitas às escondidas. Quando a polícia chegava, baixava o pau nos sambistas. Hoje em dia, nos subúrbios as famílias se juntam, botam um disco de samba para girar e ficam cantando e batucando. É uma festa familiar, fazem vaquinha para a cerveja.

Por causa da história de perseguição ao samba, conta Martinho, o Rildo Hora sugeriu que se deveria fazer um disco só de samba, para alegrar a rapaziada. Assim se criou o **Batuqueiro**, todo na base do cavaquinho e violão, porém com uma harmonia muito bem cuidada. Fazer o simples com categoria é sempre muito difícil. Martinho descreve as dificuldades e problemas da época:

Na página ao lado: Martinho com mãe Teresa e Ruça na Folia de Reis em Grajáu.

> Estávamos no meado de 1986 e eu sofri um acidente terrível. Duas pernas quebradas, dois dedos de uma das mãos e um corte na cabeça. Eu tinha uma foto todo engessado, que parecia uma múmia.
>
> O disco estava quase pronto. Já tínhamos concluído toda a produção. Terminados os complementos, depois dos arranjos de base e colocado o coro. Só faltava a voz final para substituir a guia quando ocorreu o acidente. Na minha perna direita foi colocada uma placa de platina e sete parafusos. Os médicos diziam que o meu acidente era tão grave que eu poderia andar dentro de oito meses, talvez um ano. Depois do quinto ou sexto mês é que eu iria sair da cama e começar a treinar, como criança, a andar, e de muletas.
>
> Não me apavorei. Falo disso numa boa, porque dor passada não me dói. O fisioterapeuta me garantiu que se eu fosse aplicado na fisioterapia, poderia ser abreviado o meu tempo de cama e eu me esforcei. Três meses após eu saí da cama para a cadeira de rodas. O Rildo sempre ia me visitar e disse que continuou trabalhando no disco, botou o coro, fez uma pré-mixagem e que estava muito bom. Tentou até aproveitar a voz guia, mas não deu. Eu fiquei curioso e pedi para me levarem ao estúdio para eu ouvir. Fui, mas era uma operação complicada. Eu saía de casa na cadeira, passava para a maca e me colocavam na ambulância. No estúdio, em Copacabana, eu entrava de maca e passava para a cadeira. Pensei: "Já que eu estou aqui, posso tentar cantar sentado." Assim, gravei a primeira. Nos outros dias fui de novo e consegui cantar com alegria e terminar o disco que foi lançado com grande sucesso.

Tem mais. Eu morava no Grajaú e tinha um samba, o *Raízes*, concorrendo na quadra da Vila. Na final da disputa eu fui lá, me equilibrando em duas muletas, defendi meu samba e ganhei.

Começamos, então, a comentar as músicas do disco e indaguei sobre uma delas, intitulada *Rabo de Cometa*, por considerar estranho esse tema num disco de samba. Martinho, então, começou a falar de sua motivação:

Fiz num ano em que se falava na volta do cometa Halley. Previa-se transformações fantásticas na natureza do Brasil e em nossas vidas, mas foi um fiasco. Quase ninguém o viu. Pensei: a possibilidade da aparição do cometa teve seu lado bom, pois fez as pessoas ficarem olhando para o infinito. Com a vida corrida do nosso tempo, quase nunca olhamos para o céu para admirar a lua ou as estrelas. Matutei uns versos: "Ó que bonito / Pintando no céu do Brasil / Me conduzindo/ A olhar pro Cruzeiro do Sul" e assim surgiu *Rabo de Cometa*:

Rabo de Cometa
Oh! que bonito
Pintando no céu do Brasil
Me conduzindo
A olhar pro Cruzeiro do Sul
Com uma cauda
Semelhante aos seus cabelos
E tão brilhante
Como a luz do seu olhar
Bem atraente
Assim como você na praia
Só que eu pra lhe achar não preciso luneta
Sinto no cheiro
O rabo do seu cometa
E lá do Cumbuco
Das dunas pros dois coqueiros
Leblon, Posto Dez
Ressoam
Os ecos do meu chamar
Vem cá meu bem,
Vem cá meu bem,

Chega pra cá nenem
Chega pra cá nenem
Trila o apito
Que eu entro nos trilhos também
Trila o apito
Que eu entrou nos trilhos também

A inspiração veio de Rita, mãe da Maíra, professora de Educação Física e ex-porta-bandeira do Salgueiro, que frequentava a praia do Leblon, no posto 10, onde havia dois coqueiros.

Está no disco que tem o *Pagode da saideira*, que foi de grande sucesso.

Tem uma coisa interessante também no **Batuqueiro**: você pega aí o partido-alto nesse momento de explosão do pagode, mas pegando desde Ataulfo Alves, do tradicional até agora.

Não podemos esquecer os pioneiros. Nesse álbum tem dois sambas de quadra, um do Noel Rosa de Oliveira, do Salgueiro, e outro do Cabana, fundador da Beija-Flor, que são *Água do rio* e *O preço da traição*. Este narra uma situação complicada: "Onde eu cheguei/ Com outro alguém em meu braço/ Ela chegou também/ No braço de outro alguém". Termina deixando uma pergunta no ar: "O que faria você em meu lugar?"

O do Noel é lamentoso: "Tudo ficou diferente/ Depois que você me deixou". E termina com uma confissão: "Hoje só resta saudade/ Muito sofrimento e dor".

Eu não tenho nem um samba de fossa deprimente. Prefiro escrever "Se o amor se esvai/ Saúde vem/ Um novo amor/ Virá também". Olha este, composto por Cabana:

O Preço da Traição
Estou confuso sem saber
Que atitude vou tomar
O que faria você em meu lugar?
Onde eu cheguei
Com outro alguém em meus braços
Ela chegou também
Nos braços de outro alguém
Foi o momento pior
Que eu tive na vida

Nunca pensei em passar
Por tal situação
Tive vontade de reagir
Mas não pude
Perdi toda atitude
E direi a razão
Ela estava errada e eu também
Eu não tinha o direito
De lhe chamar atenção
Daquele momento em diante
Eu senti bastante
Ódio de mim mesmo
Senti vontade de destruir
Ate a minh'alma
E cheguei à conclusão
Que estava pagando
Com a mesma moeda
O preço da traição
Aqui na terra se faz
Aqui mesmo se paga
Aqui a gente prageja
E sofre também
Os efeitos da praga
Estou confuso sem saber
Que atitude tomar
O que faria você em meu lugar?

Buscando saber como o Martinho da Vila se posicionava sobre o tema, indagamos: Quando um amor vai embora e o outro ocupa o lugar, ainda se fica preso ao amor anterior?
Martinho procura explicar seus sentimentos:

No geral não. Há quem fique, mas diz o dito popular que "águas passadas não movem moinho". A Primeira dama da França, mulher do Nicolai Sarcozi, escreveu um livro falando dos trinta homens com os quais se deitou, mas eu creio que ele deixou publicar porque, com toda certeza, é impossível ela se lembrar como se sentiu com cada um.

Não percorremos todos os discos da década, pois destacamos os que mais mostraram os pensamentos e sentimentos de Martinho. A década se encerra com o disco **Canto das lavadeiras**, de onde selecionamos o *Meu boi vadiou*, folclore nortista, de Santa Catarina. Martinho conta como entrou em contato com a tradição negra do sul.

Bem, em conversa com o saudoso Roberto Moura sobre folclore da Região Sul, ele me falou de um pesquisador conhecido como Patinete. Fui a Florianópolis e ele mostrou uma gravação bem popular de um ritmo e cantoria que existiu em Santa Catarina. Peguei a fita cassete com ele e levei para o Rildo Hora, que achou um lance legal também e gravamos.

É pesquisa registrada por ele. Muitos pesquisadores descobrem coisas, adaptam e registram.

E aí chegou o Divino Santo Antônio!

É o som da Bahia nesse trabalho, composição do Roque Ferreira. Conheci o Roque através da Clara Nunes e hoje é um dos meus parceiros constantes.

– Como foi a receptividade deste disco para você?
Foi muito além. Quando planejo um disco, só penso em realizar algo diferente e que vá me dar prazer. Pode parecer egoísmo, mas em princípio eu tenho que gostar de ouvi-lo. Há artistas que não escutam seus próprios discos e eu adoro os meus. Quando os ouço, vem à minha cabeça a lembrança das etapas da produção e fico feliz por tê-los realizado. Alguns eu fiz na contramão do possível sucesso e deram o maior pé.

O **Canta canta minha gente**, **Martinho da Vila Isabel**, alguns outros e este **O canto das lavadeiras**, todos de grande sucesso. Também o **Lusofonia**, o **Conexões**, o **Brasilatinidade** e o **Da roça e da cidade**, o **Da Vila, do Brasil e do mundo**... **Verso e reverso**, **Ao Rio de Janeiro**, **Voz e coração**... Eu acho que sou meu fã. Gosto de me ouvir.

– Martinho, nestas décadas você tem viajado muito pelo mundo. Conte a sua emoção de se apresentar em outros países, como um verdadeiro embaixador de nossa cultura.
Eu faço de conta que estou no Brasil, canto e falo em português.

Sempre tem brasileiros nas plateias e basta uns poucos para eletrizar os demais. O brasileiro no exterior é muito nacionalista e quando eu adentro ao palco eles sentem o Brasil representado e, modéstia à parte, eu represento bem o nosso país. Mas canto também para plateias só de gringos e sempre me dou bem. *Casa de bamba, Canta canta minha gente, Madalena do Jucu, Mulheres* e alguns dos meus sambas-enredos eu deixo para o final. O público sempre levanta e pede bis.

Eu sempre estou acompanhado de bons músicos, e apoiado por uma boa equipe, o que é importante para se fazer um bom espetáculo. Sem falar eu consigo passar para eles que o show não é só meu, é de todos. Para cantar bem, na véspera eu fico de molho, não faço farra. No dia, descanso bem, memorizo o roteiro, uma hora antes eu faço uns exercícios vocais e depois começo a falar alto. Antes de entrar, me junto aos músicos para fazer uma corrente energética. O produtor Celso Luis ou o Fernando Santana, ao invés de falar: "Pessoal, já vai começar!", diz: "Ta na hora da corrente." Aí a gente se junta no meu camarim, o Luiz Carlos T. Reis prepara o uísque ou vinho e a gente bate os copos e numa algazarra danada, gritando: "Vamos arrebentar!" É assim a nossa corrente.

– Como acontece quando o show precisa ser gravado? O ritual é o mesmo? Como a maioria dos artistas se comporta nessas ocasiões?
Fico mais tenso. Imagine. As bases ficaram boas, os arranjos, os complementos, o vocal, tudo feito coletivamente. Só falta a voz definitiva. Na véspera, não posso dar gargalhadas porque enrouquece, tenho que dormir cedo, mas, preocupado, o sono não vem logo. Fico com medo de acordar resfriado. No dia da gravação, não bebo gelados e fumo pouco para não ficar com pigarro. Chego no estúdio, o produtor e o técnico de som, também preocupados, me olham para ver se estou legal e puxam papo para sentir como está a minha voz. Quando o produtor conhece bem o seu artista, na primeira vista ele já sabe se o cantor está bem ou não. Os bons produtores e os bons técnicos criam o clima para o artista se sentir mais à vontade possível. Alguns cantores gostam de levar para o estúdio a mulher, algumas cantoras, o marido, secretários, empresário, um ou dois amigos, porque se sentem seguros com a presença deles. Na maioria dos casos eles só atrapalham dando palpite, o que irrita o produtor. Uns preferem acender todas as luzes, outros ficar no escuro. Alguns cantores proíbem

que qualquer pessoa esteja na técnica, além do produtor e o técnico de som. Todos nós temos alguma mania e um pouco de loucura. Uns tiram a camisa ou a blusa para gravar mais à vontade e tem até homens que ficam de sunga e mulheres de calcinha. Cada louco com sua mania. Eu só tiro o tênis ou a sandália e não me importo com quem esteja na técnica, embora prefira só estar com o arranjador e uns dois músicos além do técnico e do produtor.

– Martinho da Vila, como é que você se vê como artista? O Canto das lavadeiras, **do meu ponto de vista, foi a sua realização como cantor. Esse disco deu a você possibilidades maiores de se exercitar na interpretação das músicas, ou você acha que isso já aconteceu em outros momentos?**

Eu sou sambista e sou visto como cantor de samba. Gosto ser visto assim, mas depois do **Voz e coração**, um disco de intérprete, gravado em 2002, passei a ser respeitado como cantor, mas no **Canto das lavadeiras** eu fui além. Ganhei o Prêmio Tim 2008 como o maior intérprete de canção popular e fiquei muito feliz.

Qualquer pessoa, se não for totalmente sem ritmo, se estudar canto, pode chegar a cantar regularmente, mesmo não tendo grande extensão de voz. O problema é ter um timbre diferenciado e criar o próprio estilo. Eu sei usar bem a garganta e consigo cantar mesmo estando um tanto afônico.

Em 1970 eu tive um problemão. Fui botar voz no LP **Meu laiaraiá** e a voz rateava. O produtor Romeu Nunes mandou eu voltar para casa, não falar muito e me concentrar como um jogador de futebol. De gozação, falou que eu não podia namorar a noite inteira porque na relação sexual mexe com o organismo e altera a respiração. Fui para casa, fiquei de repouso, dormi cedo e na hora de gravar a voz falhava, desafinava. Ele ficou decepcionado comigo. Falou aborrecido:

– Vá embora e só volte daqui a uma semana, ou mais, porque a seleção brasileira foi campeã, vão chegar amanhã, vai ter carnaval e você vai cair na gandaia e ficar rouco. Só quando melhorar a gente tenta botar a voz. Lembre-se que você é um profissional da música.

Eu fiquei chateado com a bronca, porque estava me cuidando e falei sério, com ele:

– Romeu. Eu não sou quem você pensa. Uma coisa que eu aprendi no Exército foi ter disciplina. Amanhã é praticamente feriado e eu não vou vir gravar, mas pode marcar para depois de amanhã que eu vou estar aqui, em forma.

O homem baixou o facho e falou brandamente.

– Acredito. Mesmo assim é melhor deixar passar mais uns dias.

Retruquei:

– Não. Depois de amanhã à tarde. Eu garanto que vou estar legal.

Vi o carnaval da vitória pela televisão. Todo mundo na rua e eu em casa de molho. Na hora marcada cheguei no estúdio, pela minha aparência ele viu que eu estava bem. Preparou o microfone e eu soltei a voz com vontade. As primeiras notas foram claras, mas logo falhou. Tentei mais umas vezes e aconteceu o mesmo. Aí ele me chamou em particular e disse que eu devia estar com algum problema e disse que eu devia consultar um fonoaudiólogo. Ligou para o Doutor Pedro Bloch e marcou uma consulta. Examinado, o famoso cirurgião me disse que eu estava com calos nas cordas vocais e tinha de ser operado, mas ele não podia me operar porque estava de viagem marcada e me encaminhou para um colega, o Dr. Flávio Apligliano. Fui cheio de medo, mas ele me acalmou, chamou o anestesista que me aplicou um calmante, me deitaram na maca e fui para o centro cirúrgico. Eu, meio grogue, me assustei pois tinha um monte de gente mascarada à minha volta. Nem reconheci dentre eles o Dr. Flávio. Ele tirou a máscara e me disse sorridente:

– Tenha calma, Martinho. Vai dar tudo certo.

– Deve ser grave, heim, doutor. São todos seu auxiliares?

– Não. São colegas que vieram assistir. Isso porque você é muito famoso.

Fui operado e graças a Deus fiquei bom. Gravei o disco, não tive mais nenhum problema com as cordas vocais e já se vão 40 anos que eu estou nos palcos, lugar onde eu me sinto melhor. Neles eu me emociono, emociono pessoas, transmito alegria. Me realizo criando músicas, gravando, escrevo livros, mas nada se compara ao palco. Me sinto o máximo quando consigo fazer uns chorarem de emoção e outros em estado de êxtase, na mesma plateia, cantando.

O **Canto das lavadeiras** de 1989 homenageia as congadas, que são manifestações dramático-religiosas que acontecem durante as festas dos padroeiros das irmandades negras e durante as festas do Dia de Reis. Nessas ocasiões, se mostra de forma pública e irrefutável a ocupação do espaço social pelos afrodescendentes em luta por afirmação sócio-existencial e pela manutenção de seu processo civilizatório africano no âmbito das irmandades católicas. Martinho fez o Brasil inteiro cantar o seu *Madalena do Jucu*, numa adaptação feita por ele do canto da congada de Barra do Jucu no Espírito Santo:

Madalena, Madalena
Você é meu bem querer
Eu vou falar pra todo mundo
Vou falar pra todo mundo
Que eu só quero é você

Minha mãe não quer que eu vá
Na casa do meu amor
Eu vou perguntar a ela
Eu vou perguntar a ela
Se ela nunca namorou

Madalena [...]
O meu pai não quer que eu case
Mas me quer namorador
Eu vou perguntar a ele
Eu vou perguntar a ele
Por que ele se casou

Madalena [...]
Eu fui lá pra Vila Velha
Direto do Grajaú
Só pra ver a Madalena
E ouvir tambor de congo
Lá na Barra do Jucu

 A tradição das congadas vem se mantendo no Brasil, apesar das perseguições geradas pela política de branqueamento do Estado e pela política de romanização da igreja católica. Inúmeras vezes, tais manifestações tiveram que se deslocar para outros espaços e tempos sociais, para não sofrerem solução de continuidade, como foi o caso do Maracatu Brilhante, que precisou se deslocar das festas de Nossa Senhora do Rosário, no Recife, para o período do Carnaval, onde se mantém até hoje.

Em todo o país são inúmeros os grupos, instituições e entidades que homenageiam as diversas origens africanas que formaram a identidade negro-brasileira. Tal variedade se faz presente nos nomes adquiridos por tais grupos, como a Congada propriamente dita, os Moçambiques, os Ticumbis, os Maracatus, as Taieiras etc.

Tais representações dramatizadas sintetizam dança, música percussiva e polirrítmica, cordas, sopro, canto, poesia, que tratam de conteúdos históricos ligados aos ancestrais africanos e brasileiros. Vestuário, bandeiras, emblemas, estandartes se combinam num espaço lúdico e sagrado, homenageando os ancestrais ilustres.

Segundo Luz (1995), no Paraná, a Congada da Lapa, que tem por padroeiro São Benedito, tem um enredo que se constitui nas relações históricas nos séculos XVI e XVII, estabelecidas entre o Império do Congo e o Reino do Ndongo (Angola), da Rainha Ginga.

O Império do Congo é simbolizado pelo rei Zumbi Ganeiane, e o reino do Ndongo, pelo embaixador da rainha Ginga, e caracteriza as ações diplomáticas feitas por ela para obter alianças e fortalecer a unidade da luta contra os invasores portugueses. O embaixador vem acompanhado dos caciques, chefes militares, e seus combatentes, os conguinhos. O uso do nome "cacique" caracteriza a relação simbólica com os índios, considerados os donos da terra, fundadores da ocupação do território e que são assim homenageados como ancestrais. Temos assim a representação da frequente aliança que existia entre chefes guerreiros indígenas e caçadores negros, que combatiam os mesmos inimigos portugueses. Cabe registrar que o símbolo do mérito em combate, solenemente distribuído pela rainha Nzinga entre seus guerreiros, era um arco e flecha, que era, coincidentemente, a arma utilizada pelos índios brasileiros.

No decorrer da Congada, as referências a São Benedito, feitas no início, se apagam para exaltar o confronto entre o Rei do Congo e o embaixador da Rainha Ginga, só reaparecendo ao final, junto com louvações e pedidos de proteção.

As Congadas representam, assim, a complexidade dos meios e modos estratégicos encontrados pelos africanos na luta contra os portugueses, tanto do ponto de vista de invasões territoriais, como de imposições religiosas.

Na página ao lado: ensaios do show Kizomba, em 1988, na celebração dos cem anos de fim da escravidão no Brasil.

CAPÍTULO V

REFLETINDO SOBRE OS ANOS 1990

Nos anos noventa encontramos muitas atividades dos movimentos negros do país, havendo em 1995 em Brasília a Marcha Zumbi, que contou com mais de trinta mil pessoas solicitando politicas públicas destinadas aos negros. Dados alarmantes do IPEA e do IBGE sobre pobreza e exclusão do povo negro levam o presidente Fernando Henrique Cardoso a instituir o Grupo de Trabalho Interministerial para Valorização da População Negra, que passou a preparar nossa participação na Conferência Mundial contra a Discriminação Racial que se realizou em 2001 em Durban, África do Sul. Martinho foi de grande importância neste processo.

Muitas foram as reflexões sobre cultura negra, não apenas para consumo e interesse exclusivo de negros ou mestiços, já que a filosofia de base africana privilegia as PESSOAS, por ter como proposta o acúmulo de seres humanos e não de bens.

Na tradição cultural africana encontramos a preocupação com a PESSOA e seu grupo pelo estabelecimento de trocas de axé (energia de vida) em todas as etnias, sejam elas jeje, nagô ou banta.

A tradição dos orixás é uma forma de organizar o mundo que serve a todos, estando as pessoas no centro do processo, podendo ser o caminho para um futuro menos violento do que o dos dias atuais. Já temos estatísticas que comprovam ser mais de cinquenta por cento a população negra no Brasil, que ocupa o segundo lugar como país de população negra no mundo. Logo, os brasileiros têm uma maioria de pessoas com ancestralidade africana. Precisamos saber que somos herdeiros de uma cultura que se preocupou em viver intensamente todos os sentidos – audição, visão, sensação, tato e olfato –, o que lhe possibilitou a construção de uma visão sobre o mundo e o universo muito ampla.

Nesta última década do século vinte, vamos encontrar uma luta, no mundo inteiro, pela preservação de identidades. Martinho traduz em sua obra a preocupação com a preservação do samba, com a valorização do Rio de Janeiro, enfatizando o amor, a família e a religiosidade.

O **Martinho da Vida**, disco de 1990, teve, logicamente, como temática fundamental a vida. Para Martinho esse disco fala de vida mesmo. Todo ele gira em torno da necessidade de se viver dentro do contexto, de estar em coletividade, enfim, viver com amor. É um disco considerado por ele como um dos mais bonitos.

Um disco que considero muito interessante é **Vai meu samba vai**. Em 1991 nós temos uma explosão, uma invasão de música estrangeira, o samba na baixa, aí surge o **Vai meu samba vai**, que não foi um dos mais bem sucedidos, mas, segundo Martinho, como a época era bastante difícil, ele queria falar de samba, mas de uma maneira bem generalizada. Então resolveu usar **Vai meu samba** como um meio de falar de bossa nova, de Noel Rosa, de Rio de Janeiro e de Bahia. Sabia que, na verdade, o samba segue a linha política do negro brasileiro: perseguido, desvalorizado, usado.

O samba no Rio de Janeiro foi e é um polo aglutinador dos grandes universos culturais tradicionais africanos – o banto, o jeje e o nagô –, que englobam uma infinidade de variações, significados e realidades, diferenciados de terreiro para terreiro, de comunidade para comunidade, de liderança comunitária para liderança comunitária. Esses universos geraram diferentes estilos de samba e possibilitaram seu desenvolvimento e expansão, fruto de importantes trocas culturais. Para se entender o que ocorreu com o samba é preciso usar o critério geográfico, já que o samba urbano ganhou, no Rio de Janeiro, modificações estruturais que o diferenciam muito do samba rural, dançado em roda, à base de pergunta (solo curto) e resposta (refrão forte). Aqui novas formas de samba foram criadas, algumas episódicas e outras eternas, como o samba de terreiro, o samba de partido-alto e o samba-enredo, que se manifestam nas escolas de samba.

Os rituais do samba nos terreiros, nas quadras e nas ruas caracterizam um *processo civilizatório africano* (éthos), isto é, aspectos da linguagem, estilo ou forma de comunicação e expressão de valores estéticos e éticos, com conteúdos de saber ou de não saber, que realizam e dinamizam o grupo afrodescendente. O éthos está presente nas relações estabelecidas com as cores das escolas, que reportam aos orixás, como o vermelho e branco do Salgueiro, relacionado a Xangô – o senhor da pedreira; nos toques das baterias que louvam Ogum no Império Serrano; na roupa das baianas, que exprimem uma identidade mítica ancorada na ancestralidade e no poder de gerar; a dança do samba, inspirada nos passos de louvação aos orixás e expressão da liberdade de existir, apresentando o corpo como um verdadeiro altar vivo; culminando com a linguagem dos cânticos com canto e resposta, característica dos sambas de partido-alto, que expressam e comunicam a mobilização de uma força latente, presente no conceito de energia de vida, de poder de realização, de criatividade.

Nos movimentos de cada ritmista, do mestre-sala e da porta-bandeira há uma proposta de identidade e continuidade histórica do grupo: a bandeira se agita mostrando as cores que representam aquela comunidade. O mestre-sala, com seus volteios e galanteios, reverencia a mulher, exibe e protege a bandeira, descrevendo com os movimentos a sua alegria de viver e de pertencer à comunidade.

É de 1992 o livro *Kizombas, andanças e festanças*. Nele o autor fala de sua vida, contando as experiências com shows, com o carnaval, com a Vila Isabel e de encontros internacionais com os países africanos e artistas de vários países, as famosas **Kizombas**, palavra em quimbundo que significa encontro, reunião.

Martinho trouxe os angolanos para um show chamado **O Canto Livre de Angola**, onde buscou misturar culturas e trazer a arte angolana para os brasileiros. Foi um grande sucesso, assim como os shows da Kizomba. Martinho, neste livro-narrativa, descreve suas histórias com a Vila Isabel, com os carnavais na África e com os shows de artistas africanos em palcos brasileiros. Verdadeiro embaixador do Brasil em Angola, Martinho conseguiu trazer artistas com seus instrumentos, sons, danças e cantos para uma plateia que pouco conhecia de sua ancestralidade, registrando neste livro singular momentos e histórias fantásticas.

Em 1993 Martinho criou o Grupo Empresarial ZFM, responsável pela administração de sua carreira e também de seu selo profissional, com produção de discos e editoria de livros, que mantém até os dias de hoje, sob a administração de Lidia Costa, tendo Fernando Rosa, filho de sua irmã Zezé, como Assessor Geral e chefe do Departamento Financeiro, seus fiéis escudeiros. O Grupo Empresarial ZFM cuida de CDs e DVDs, além de ter uma editora e uma assessoria de imprensa.

A ZFM vem cuidando de novos talentos e produz espetáculos musicais de grande porte.

Martinho, em sua música *Brasileiro*, feita em parceria com o Mané do Cavaco, que integra o CD **Ao Rio de Janeiro** (1994), revela de maneira muito peculiar, plena de elaborações intelectuais, estratégias positivas de ação, que precisamos para a construção de uma democracia verdadeira no país, que não ignora a diversidade e as múltiplas identidades que compõem o mosaico cultural brasileiro, situando o fato de que, apesar das diferenças, somos semelhantes.

Brasileiro

Deixeu meu lugar
Para me cariocar
Cheguei, fui ficando, me acostumando
Hoje sou de lá

Carioca é quem sabe viver
No Rio de Janeiro
Em qualquer lugar, onde quer que eu vá
Eu sou brasileiro
Me perdoa amor
Ó minha paixão
Mas cidade grande é onde se vive com emoção

Curitiba, Sampa, Linda Floripa e Alegre Poá
Salvador, Vitória, Belém, Goiânia e BH
Em qualquer lugar, onde quer que eu vá
Eu sou brasileiro

Deixei meu lugar [...]
Tanto em São Luiz como em Teresina
Eu sou brasileiro
Lá em Fortaleza, Natal, Manaus
Eu sou brasileiro
Em João Pessoa ou no Recife
Eu sou brasileiro
Em Aracajú, ou em Maceió
Eu sou brasileiro
Em qualquer lugar, onde quer que eu vá
Eu sou brasileiro
Lám em Rio Branco ou em Macapá
Lá em Campo Grande ou em Cuiabá
Estando em Boa Vista ou em Porto Velho

Eu sou brasileiro
Aqui acolá, no campo ou no mar
Até no estrangeiro

Deixei meu lugar
Para me cariocar
Cheguei, fui ficando, me acostumando
Hoje sou de lá
Palmas, Tocantins
Que na Capital eu sou brasileiro

Em 1995, quando participou do Encontro Parlamentar pela Democracia Racial, Martinho situou, com muita propriedade, a problemática do negro no Brasil, como revelou em depoimento para o livro em um de nossos encontros:

> Muita gente não entende bem a luta do negro, o porquê de falarmos tanto na causa negra. Tenho muitos amigos brancos irmãos, que dizem: "Martinho, por que isso? O Brasil é um país em que não há problema racial." Eu lhes digo o seguinte. "É como um desastre. Sentimos quando ouvimos falar de um desastre, mas, se você estiver dentro do carro, você tem noção do desastre. E as camadas privilegiadas do país não estão dentro desse carro." Devagarinho, as pessoas vão entendendo isso. Percebo que essa luta tem avançado. A nossa luta gira em torno da participação do negro nas decisões do país. A nossa luta é pelo emprego, pelo trabalho, pelo reconhecimento.

Muitas são as propostas de vida desenvolvidas pelo nosso Martinho nos anos noventa e ele nos fala como suas vivências se refletiram em sua obra.

Lembrando de alguns anos atrás, depois do desfile das campeãs e de Vila Isabel ter-se mantido no grupo das escolas grandes, após toda a agitação de mais um ano de vida do Martinho no dia 12 de fevereiro de 1997, conversamos sobre Vida e Arte. Achei importante deixar este registro, já que nosso poeta analisa a viabilidade do brasileiro e de nossa cultura, afirmando a identidade que, desde quando os portugueses vieram para cá e perderam o "bonde da história", nos ensinaram a desprezar.

Portugal nos ensinou a não aceitar nossa própria cultura porque ficou com a sua cultura envergonhada diante da cultura francesa. Nós aprendemos a valorizar tudo o que era de fora e a buscar alguma coisa que fosse Brasil que não fosse do brasileiro, mas, então, surgiu Martinho da Vila.

Martinho nos prova que pode tranquilamente se manter brasileiro e fazer sucesso. Fez sucesso nos anos 1970, fez sucesso nos anos 1980, e nos anos 1990, quando achava que ia virar fazendeiro, explode de novo nas paradas musicais e tem o sucesso, vamos dizer assim, absolutamente inédito para um sambista. Martinho busca explicar esse processo:

> Eu não sei explicar muito, o sucesso é um fenômeno. O difícil é conseguir administrar o sucesso e permanecer. O público em geral quer uma coisa nova, mas o novo não quer dizer que seja de jovem não! É o que surgiu de novidade. Esse é o grande desafio do artista consagrado, competir com as novas ondas que surgem e tomam conta da mídia.
>
> Fenomenalmente, em outras épocas, sempre que o samba estava fora da mídia, eu ressurgia. Eu lancei o **Tá delícia tá gostoso** em 1995, o disco fechou o ano no primeiro lugar da parada, atravessou todo 96 e chega ainda em 1997 tocando muito no rádio e ainda vendendo. Isso é raro acontecer com qualquer artista. Noventa dias é o tempo em que um disco é procurado. O disco passou do terceiro mês já está velho!

– O disco anterior, Ao Rio de Janeiro, **foi um dos discos mais incríveis que você já fez. O que você atribuiria de diferença entre ele, do ponto de vista musical, ao nível da qualidade, e o fenômeno do** Tá delícia tá gostoso?

O sucesso é uma coisa que nem Freud consegue explicar, mas pensando bem, dá para se entender um pouco. Antes de ser lançado, o disco gravado passa por uma reunião dos segmentos da gravadora (departamentos de venda, promoção, marketing, direção artística) e eles ouvem, fazem uma projeção de vendagem depois de cada um dar a sua opinião. Segundo o Miguel Propski, o disco para fazer sucesso tem de ter primeiro badalado dentro da empresa.

Os homens da gravadora viram o **Ao Rio de Janeiro** como uma defesa da cidade que estava sendo muito mal falada na imprensa brasileira. A direção artística achava que o disco era um projeto político aliado ao Rio, semelhante ao que fiz à Vila no **Martinho da Vila Isabel** e na *Aquarela brasileira*, gravados antes e que fizeram muito sucesso. Naqueles a minha antiga RCA acreditou e trabalhou, ao contrário da Sony, que não investiu muito por achar que era um produto pouco vendável.

O disco, porém, vendeu bem! Mas não vendeu dentro da minha norma, que era de 200 e poucos mil discos no lançamento. Hoje, no mercado brasileiro, 100 mil é um grande sucesso e 50 é uma vendagem excelente. Então eu não estava dentro da minha média e o presidente da empresa falou: "Nós temos aqui o principal sambista na gravadora e temos que ser os primeiros."

Isso ele pensando na Sony, com relação às concorrentes. Aí, o Miguel, que era o diretor artístico, falou para eu fazer um disco bem popular, com músicas de outros compositores, e eu decidi fazer um disco de cantor, sem música minha. Escutamos muitas, resolvemos o repertório e eu ainda não tinha começado a gravar o disco e eles já estavam falando interna e externamente que o meu disco era fora de série, excelente, e que ia ser um estouro. Olha que eu não tinha nem gravado ainda.

Então, eles pegaram umas músicas pré-mixadas e mandaram para o representante dos Estados. Eu ainda estava em estúdio, e em São Paulo e até em Belém, já se falava do sucesso do disco. Teve uma boa preparação para a chegada, sendo divulgado internamente e até fora da gravadora, pois encontrei com o presidente da ABPD num aeroporto e ele me felicitou: "Parabéns, Martinho. Seu disco é muito forte e vai estourar, você merece."

Na sede da Sony, tinha uma fita tocando numa sala, outra tocando em outra, em todo lugar era colocado para que todo o pessoal que iria trabalhar no produto ficasse integrado, numa espécie de hipnose musical. Foi o que aconteceu com esse disco. Um disco tem grande chance de dar certo, se a empresa acredita, de cara, que ele vai vender!

Isso não aconteceu com o **Ao Rio de Janeiro**. Tinha umas quatro ou cinco músicas consideradas de apelo popular, mas a equipe não foi preparada para estourar, embora me dissessem que o disco era maravilhoso...

– Eu também acho. Realmente o Ao Rio de Janeiro **é divino! Musicalmente para mim é melhor, mas o** Tá delícia tá gostoso **é fantástico.**

Não foi só pelo trabalho de marketing que deu certo. A temática do amor no relacionamento, num momento em que muitas pessoas estão tão solitárias e os desencontros e reencontros são tão constantes, favoreceu essa receptividade.
Com certeza. A música romântica é a música do mundo inteiro, todo ser humano de romântico tem um pouco.

– Vamos falar um pouco dos discos até o Tá delícia tá gostoso, **mas antes eu gostaria de saber o seguinte: em quê esse sucesso tão grande modificou a sua rotina de vida?**
Nada extraordinário. Todo artista é assim, ele tem um período que está mais ativo, a música dele está tocando na rádio, ele é insistentemente chamado para ir à televisão, a alguns programas vai com prazer, a outro sem querer, mas todos são de graça, a televisão não nos paga. Em compensação é uma boa divulgação que nos leva a fazer show pelo Brasil a fora. Se trabalha mais quando o disco está em evidência, mas o entra e sai das paradas para mim não é novidade, não mudou nada.

– Nem a quantidade de dinheiro em caixa?
Vida de artista é muito instável. Deu para ficar mais equilibrado financeiramente, o que já é muito bom, mas isso é comum também na vida do artista. Quando em atividade ficamos mais folgados, quando não pinta muito show temos de fazer economia para não ir muito para o vermelho no banco, mas não se pode economizar e baixar a qualidade dos shows. Se eu estivesse pensando só em ganhar muito dinheiro, aproveitava o grande sucesso deste disco e saía por este Brasil cantando só sucessos em qualquer lugar, com um número reduzido de músicos, o que baixaria em muito o custo de produção, facilitando os contratantes, e fazia show todo dia se quisesse. Por causa das exigências que faço e por trabalhar com uma grande equipe, dez músicos, técnicos de som, iluminador, produtor e condições locais de infraestrutura, faço um número de shows muito menor do que normalmente faz um artista popular estourado, como se diz aqui no Brasil.

O artista estourado é aquele que pega um avião, vai para o Sul, vai para o Norte, faz um show terça, volta quinta-feira, sábado ele faz dois, como se o mundo fosse acabar; eu não. Vou ao ritmo da música

Devagar devagarinho, que é a minha filosofia de vida. Em compensação, o espetáculo que montei paralelo ao disco, também foi um sucesso nacional, considerado entre os grandes espetáculos do ano. Tinha direção, bom tratamento musical, sonorização específica, produção de roupas, de iluminação... Isso tudo diminui o faturamento, mas me dá uma satisfação muito grande.

Antes eu dizia que era apenas um compositor que canta, e a partir do **Tá delícia**, um CD não autoral, eu me assumi como cantor. O meu lado criador foi coroado pela poderosa Simone, cantora que eu amo e sou fã, que me deu um grande presente ao gravar o álbum "Café com leite", só com músicas de minha autoria. A Isaurinha Garcia me deu uma alegria dessas antes, o Ovídio Brito também agora e o Arranco de Varsóvia, idem.

– Vamos voltar ao *Vai meu samba vai*, **porque eu quero perguntar uma coisa para você: as pessoas ficam muito nessa coisa de "samba paulista", o sucesso de Raça Negra, o sucesso de uma série de sambistas que colocam, vamos dizer assim, um samba dançante, de um samba mais comercial, de um samba que vai se ligar com o "axé baiano", e aí nós vamos ter toda uma forma, uma mistura de samba com outras formas de manifestação, outros desdobramentos do próprio samba em outros Estados e que o pessoal fica dizendo que não é o samba verdadeiro, pela sua proposta do samba** *Vai meu samba vai*. **Eu gostaria de ter uma opinião sua a respeito disso, quer dizer, você acha que o samba paulista, pelo fato de ter uma outra "cara", é menos samba do que o carioca, ou isso é uma coisa que nós temos assim de um certo preconceito de aceitar outras formas de criação dentro do samba?**

[...] há críticos que falam mal com relação à moderna instrumentação que se usa, mas [...] no meu segundo disco o piano e o violino foram usados. Aliás, não se pode esquecer que nos primeiros sambas gravados já se ouvia o rico ponteado do violão do Donga e os sopros magistrais do Pixinguinha. [...] São famílias musicais e a família do samba é muito grande. Bossa nova é samba. [...] E o samba dos grupos é do mesmo jeito, só que sem preocupação harmônica e poética. [...]Uma outra é o pagode do carioca suburbano e favelado como os cantados pelo Bezerra da Silva, [...] e a batida é diferente do sambanejo, mas eu acho que tudo é válido e tem sua importância.

5.1 Samba e religiosidade

Martinho José Ferreira
Martinho da sua Vila
Martinho da nossa vida
Martinho desse país
Martinho é camarada
É pai dessa mulatada
Martinho da batucada
Martinho é a raiz
Martinho é pros carinhos
Martinho é mais que amante
Martinho é representante
Dos negros de cá e lá
Martinho é a consciência
Martinho é sabedoria
Martinho é a sintonia
Com o seu Laiaraiá...

    Esta foi a forma encontrada por Leci Brandão para mostrar o que sente por Martinho, como seu depoimento para este trabalho. É um samba tranquilo e romântico como o Zé Ferreira.
    Martinho não fez amigos apenas no Brasil. Em suas andanças, conquistou espaços e pessoas, consagrando-se como festa, como vida, por ser show de brasilidade. Quando se vai a uma festa se busca alegria e calor humano. Martinho é exatamente isto, como demonstra no livro de 2011, *Fantasias, crenças e crendices*, em que se coloca através dos personagens e demonstra toda a sua alegria, fé na vida e em Deus. Logo na introdução do livro, afirma que crê na força da Palavra Divina e que desconfia de quem não se expõe. Situa a palavra *samba* como a sua preferida para indicar tudo de bom que está prestes a acontecer. Afirma que a expressão *vai dar samba* significa que é possível se alcançar os objetivos pretendidos ou alcançar os resultados desejados, sendo algo de bom que causa alegria a muita gente.
    Usando sua veia poética, Martinho conta histórias que comprovam a sua fé na esposa, nos amigos e familiares, baseando-se no simbolismo de Cruz e Souza, em temas retirados das histórias de

Machado de Assis, mesclando-se com personagens ao colocar em suas bocas as suas próprias concepções.

Falando de religião, não se coloca como profundo conhecedor do tema, buscando a palavra de autoridades religiosas e pesquisadores para dar maior relevância e credibilidade aos textos, realizando uma verdadeira viagem literária, tratando das ideias de agnósticos, católicos, evangélicos, umbandistas, candomblecistas, muçulmanos, judeus, sempre em busca da eterna paz.

A religião impregnou e marcou todas as atividades do povo negro, estendendo-se, regulando e influenciando os diversos grupos culturais. Assim como os nagôs, as demais nações que deram escravos ao Brasil professam, desde suas origens, e com ligeiras variações locais, a chamada religião tradicional negro-africana. Essa religião se apoia numa força suprema, geradora de todas as coisas, mas, abaixo dela, existem e são cultuadas forças da natureza e espíritos dos antepassados.

A religião tradicional negro-africana, reposta nos terreiros, bem no seio de uma sociedade como a brasileira, que é regulada por uma moderna ideologia ocidental, possibilitou a coexistência e a interpenetração multisseculares de duas ordens culturais: a branca e a negra. Desta forma, se entende que a cultura negra vem funcionando como uma fonte permanente de resistência a dispositivos de dominação e, também, como mantenedora do equilíbrio emocional do negro no Brasil.

De maneira geral podem ser apontadas como religiões negras:
- o culto NAGÔ (proveniente da Nigéria, implantado pelos iorubás e seus descendentes, de língua iorubá – chama as forças da natureza de *orixás*);
- o culto JEJE (proveniente do antigo Daomé, implantado por descendentes da família real do Abomey, pelos fons ou minas, de língua jeje – chama as forças da natureza de *voduns*);
- o culto BANTO (proveniente de vários países: candomblé congo, candomblé angola, omolokô, candomblé de caboclo, umbanda, jarê etc. – chama as forças da natureza de *inquices*).

Devido à fusão de diferentes culturas, além de ser uma importante referência cultural da população afrodescendente, o samba e suas danças são uma forte manifestação do pluralismo que constitui a cultura nacional.

Observamos que, desde as primeiras rodas de samba, ocorreram adaptações, novas criações e reelaborações e que, consequentemente, as danças do samba carioca são fruto de convergências e fusões, que resultaram na formação de uma linguagem singular.

No samba de quadra se evidencia uma forte influência do samba de roda da Bahia, mesclado às diferentes danças do candomblé. No entanto, nas rodas de batuque, que foram estudadas como uma das primeiras manifestações do samba do Rio de Janeiro, e que deram origem à modalidade do samba de partido-alto, há uma influência marcante das danças de jongo, desenvolvidas no Rio por pessoas provenientes de diferentes pontos do sudeste do país. Nota-se, também, a influência da capoeira, luta-dança afro-brasileira, que foi muito praticada na cidade. Sem dúvida, somente ao observar as rodas de capoeira, alguns dos primeiros sambistas cariocas desenvolveram coreografias que eram dançadas pelos solistas (geralmente masculinos) em roda de "batuque duro".

São variadas as danças do samba, havendo diferenças na dança das passistas, dos componentes de ala, do mestre-sala e porta-bandeira e da ala das baianas, que simbolizam os movimentos da terra e a capacidade de gerar.

Como afirma Marco Aurelio Luz, em seu *Agadá* (1995), são as baianas que homenageiam, as que sustentaram e sustentam a continuidade dos valores de civilização da saga africana no Brasil, criando a cultura do povo brasileiro em geral. Nesse contexto, o corpo feminino está envolto em outros valores que não os das passistas ou rainhas de bateria.

Primeiramente os que estão expressos na cosmogonia da religião dos orixás, os princípios e poderes das Iya Agba, nossas verandas mães. O mistério e o poder do corpo feminino de gerar e gestar filhos e alimentos, que asseguram a continuidade das famílias e linhagens, expandem a comunidade e reforçam a ancestralidade e seus cultos, tanto masculino – o dos Baba Egun –, quanto feminino – o das Geledés –, dentre outros, sendo a valoração do ventre fecundado, continuidade ininterrupta da vida.

Martinho prestigia o canto e a dança, além de louvar as baianas, no seu samba-enredo *Pra tudo se acabar na quarta-feira* cantando "e que tem sonhos, como a velha baiana, que foi passista, brincou em ala, dizem que foi o grande amor de um mestre-sala".

As baianas, principalmente por sua capacidade de orientar e alimentar o grupo, criando vida na natureza morta, se revelam na gravação que Martinho fez de *Cadê a farinha*, de Beto Sem Braço e Serginho Meriti, além da interessante *A comida da Filó*, inspirada na Filomena, uma digna representante da raça e de Vila Isabel.

A Comida da Filó
Ó meu Deus, chama Noel
Pra provar também dessa comida
Cozida em Vila Isabel
Ô Filomena
Eu trouxe a família pra almoçar
Estou na colina e não tenho hora pra voltar
Posso arrumar a mesa e ajeitar o quintal pro pagode
Chegou o banjo
Hoje vai ter sacode
Rolou boato que a comida é mineira
Vai ter bife de panela com polenta e aipim
Quero provar o jiló e a berinjela
Tô sem pressa, sou assim
Ô Filomena...
Reserva o gás pro novo fogão
Que o pagode vai rolar a noite inteira
A feijoada já está no caldeirão
Não adianta, eu não vou fazer dieta
Na sobremesa traço o que tiver na mesa
A comida da Filó é a minha predileta
A comida da Filó é a minha predileta
A graça divina, Filó
Abençoou seu paladar
O cheiro subiu pro céu, ô Filó
Quem já foi vai retornar
Ó meu Deus, chama Noel
Pra provar também dessa comida
Cozida em Vila Isabel

Martinho, no seu **Batuqueiro**, ao interpretar o *Cadê a farinha*, evidencia como a comida nas festas de samba do Rio de Janeiro simboliza a dinâmica do comer/beber da tradição africana.

Transcendendo a simples ação biológica de nutrir o corpo, comer se constitui numa forma de renovar a energia de toda a comunidade. Comer no samba equivale a viver, preservar, comunicar e reforçar memórias individuais e coletivas.

Martha Abreu (2003, p. 88), em seu trabalho sobre religiosidade popular no Rio de Janeiro do século XIX, situa como as festas populares identificam-se com comilança e fartura, já que resgatavam significados litúrgicos das festas do Divino Espírito Santo e da origem africana dos escravos e libertos da cidade, representando assim renovação, fim das enfermidades e distribuição de dons e graças a todos.

Desde os tempos de Tia Ciata, no quintal de quem muito se consumiu comida e arte, sabor e saber vêm se confundindo. Não podemos pensar em reunião de sambistas sem pensar no prazer do preparo e degustação de pratos e iguarias, feitas pelas baianas e pelos mestres da arte de cantar e cozinhar.

Todos sabemos que as escolas de samba foram criadas em reuniões festivas, bem como muitas associações são feitas regadas a petiscos, cervejas, almoços e jantares. A comida engendra a criação, fazendo com que o sagrado e o profano, com suas múltiplas representações simbólicas, engendrem no imaginário social um conjunto de relações imagéticas que atuam como memória afetiva de uma cultura, sendo expressa em seus rituais e cantigas. Martinho fala de alimentar o corpo e a alma, situando o comer com várias nuances, como constatamos no disco **Coisas de Deus**, de 1997.

Café com Leite
(Martinho da Vila, Zé Catimba)
Se encontraram e se cruzaram
Nosso olhar e nosso jeito
As salivas misturadas
Num sabor mais que perfeito
Nossos corpos se entregando
Como boca no sorvete
Estamos bem misturados
Tal e qual café com leite
Café com leite
Somos nós café com leite

Café com leite
É de Deus café com leite
Vem da teta e vem do grão
Somos nós café com leite
Vem do balde e do pilão
Somos nós café com leite
Com biscoito ou com pão
Vou tomar café com leite
Dessa miscigenação
Só vai dar café com leite
"A", em pó ou condensado
Bem gordinho ou desnatado
Com expresso ou com solúvel
Carioca, bem coado
Vou levar pra quem me ama
De bandeja lá na cama

Em 2005, no seu **Brasilatinidade**, Martinho reedita seu destaque com o samba, a comida e o amor:
Sob a luz do Candeeiro
(Martinho da Vila, Nelson Cebola)
Eu vou-me embora
Mas vou muito invocado
Sinto, tenho que deixar
Um pagode incrementado
Fala pra eles viola
Diga também meu pandeiro
Mostra pra eles cavaco
Que também somos partideiros
O pagode começou
Sob a luz do candeeiro
O partido começou
Sob a luz do candeeiro
Já andou por todo o mundo
Mas é do Rio de Janeiro
Nosso pagode é gostoso e o nosso boteco é bem cativante
Cachaça da boa, chopinho gelado
Aipim, carne seca, gente interessante

Mas o que há de melhor quando eu vejo por lá eu não posso negar
É um povo bonito e muito sensual
Cantando e sambando no maior astral
Eu vou-me embora

As festas sacras ou profanas se fizeram presentes no cotidiano da cidade, mesclando diversas culturas e trazendo sempre a comida como presença obrigatória. Constantemente o povo negro da cidade descia os santos dos altares, batendo os tambores para acabar com as calamidades, afastar epidemias, festejar a vida, sempre com muita música e muita comida.

Seja na tradição de Angola/ Congo – banta –, seja na da Nigéria – nagô –, cozinhar é considerado um ato sagrado e os alimentos são tratados de forma ritualística. A história da cultura popular do Rio de Janeiro mostra uma ligação profunda de pais e mães de santo com o samba. Assim, os rigores gastronômicos da vasta culinária dos terreiros de candomblé, caboclo e umbanda determinaram a identidade de cada espaço onde o samba floresceu.

Laços familiares se estreitaram com laços de consideração ou afinidade, atualizando os laços de reunião e resistência em torno da comida e do samba.

Noites inteiras são destinadas ao preparo dos alimentos que fazem parte das festas, sendo que pessoas especiais em cada comunidade de samba têm a responsabilidade de preparar as carnes dos animais, os cereais, os legumes, as frutas.

O espaço da cozinha é de alto significado para a vida dos deuses, sua manutenção e a renovação do axé – elemento vitalizador das propriedades e domínios da natureza –, quando o sagrado se aproxima do homem pela boca, ficando, por isso, este espaço nas mãos das conhecidas "tias baianas", as senhoras mais velhas da tradição. A cozinha é o lugar onde as baianas transformam morte em vida, usando os temperos, a água, o azeite e o fogo.

Para as baianas quituteiras, que se relacionam ainda com a tradição afro-brasileira, a cozinha é um espaço de criação, de manutenção da saúde da comunidade e de celebração de seus orixás, que representam a energia da vida. O preparo dos pratos pode ser acompanhado de cantigas, palmas e toques e, em alguns espaços mais tradicionais, de samba de roda.

Não faltam nas festas grandes mesas com muita comida e arranjos de frutas que representam sementes que germinaram e deram frutos saudáveis.

Pode-se observar a diferença e a variedade de pratos produzidos de uma escola para outra, de uma comunidade de sambistas para outra, apesar de a feijoada ser o prato mais tradicional hoje nas grandes reuniões de samba.

Para a tradição dos terreiros, cada orixá, por ser uma energia diferente da do outro, é celebrado de forma diferente e com alimentos próprios.

Segundo Lody (1998, p. 78), a feijoada é dedicada a Ogum e também a Omolu, servida para toda a comunidade, sendo seu preparo de alto significado ritual, representando a união do trabalho e da fé, tanto na Bahia como no Rio de Janeiro.

Ao pensar em homenagear Candeia, Martinho não poderia deixar de falar na comida de Dona Leonilda, estabelecendo sempre a relação entre pagode, comida e identidade cultural, em 1995, no seu famoso **Tá delícia, tá gostoso**:

Em Memória de Candeia
Papo firme. Quando Candeia
Levou uma queda e ficou
Impedido de ir ao samba, o samba
Foi pra casa dele.
Hoje é carnaval
A gente se reunia lá pra alegrar
O amigo, cantar uns pagodes e pegar o rango
Da dona Leonilda
Era gostoso...

Provar que não tem veneno
Que não tem veneno, não
Pode provar

Aí resolvemos tirar o homem de
Casa, mas ele resistiu. Falava que não
Queria cantar com as pessoas sentindo

Pena dele, mas nós insistimos e acabamos
Conseguindo levá-lo ao Teatro Opinião, onde às
segundas-feiras se reunia a fina flor do samba
organizada pela saudosa Teresa Aragão. Aquilo
era bonito...

Mora na filosofia morou, Maria
Morou Maria, morou Maria

No dia marcado introduzimos
o grande Candeia na arena, em sua
cadeira de rodas, e o teatro veio
abaixo. Aplaudiram freneticamente, de pé
Aí o mestre foi dedilhando seu violão
Devagarinho até conseguir silêncio total.
Então cantou:

De qualquer maneira meu amor eu canto
De qualquer maneira, meu encanto eu vou cantar

Sentando em trono de rei
Ou aqui nesta cadeira
Eu já disse já falei
Que eu canto de qualquer maneira
Quem é bamba não bambeia
Digo com convicção
Enquanto houver sangue nas veias
Empunharei meu violão

De qualquer maneira meu amor eu canto
De qualquer maneira, meu encanto eu vou cantar

E a plateia chorava...

Peixeiro granfino
Vai na cozinha chamar mamãe
Menino

E diz a ela que tem sardinha
Tem peixe galo e cavalinha
Peixeiro granfino

Tem xexéu, xererete, corvina e tainha
Um bom siri na moqueca
Pescado pelo mano Zeca
Salsa e pimenta de cheiro
Faz um bom tempero
O azeite de dendê
Vai depressa correndo menino
Chamar mamãe
Chegou o peixeiro granfino
Provar que não tem veneno
Que não tem veneno, não
Pode provar

Leonilda serviu a comida em prato pequeno
Eu provei todo mundo provou
A fome é que era o veneno

Provar que não tem veneno
Que não tem veneno, não
Pode provar

Aí tiramos o mestre devagarinho
e o teatro continuou cantando...

de qualquer maneira meu amor eu canto
de qualquer maneira, um encanto eu vou cantar

CAPÍTULO VI

REFLEXOS NA FAMÍLIA

Teresa, mãe de Martinho.

6.1 Martinho visto por Mãe Teresa e irmã Elza

Casa de Martinho, dia 15 de agosto de 1996.
Vila Isabel, Rio de Janeiro

Em conversa gravada com Mãe Teresa, temos um pouco mais da história desse artista tão singular e sua relação com a mãe e as irmãs:

Martinho sempre foi um menino muito bom. Desde garoto, em seus tempos de colégio, ensinava os colegas que tinham dificuldade.
Sempre foi muito sossegado, muito quieto e risonho. Quando garoto já trabalhava e fazia versinhos e música. Creio que assobiava baixinho, nas salas de aula.
Quando viemos de Duas Barras, Martinho estava com quatro anos, Deuzina com oito, Nélia com dois, Zezé com três meses e nós fomos morar na Boca do Mato, vindos da Fazenda Monte Verde para onde mudamos depois da Cedro Grande, onde o Martinho nasceu.

A irmã Elza das Dores Ferreira Santana interfere e comenta:

Eu já era uma moça de 16 anos quando chegamos, mas todos podemos dizer que fomos criados na Boca do Mato.

Quando meu pai morreu eu tinha 21 anos, eu ajudei a minha mãe a tomar conta deles como se eu fosse o meu pai, que se chamava Josué Ferreira.

Cedo ele começou a se interessar pela musica na Aprendizes da Boca do Mato fez o seu primeiro samba-enredo com 16 anos.

O que ele tem feito por mim me faz dizer que ele é mais que um pai. Ele me ajudou a criar meu filho, que tem por ele uma consideração paternal.

Com o sucesso nada mudou. É aquele mesmo com a família, com os amigos, vai a todo lugar, se dá com todo mundo e assim nós somos. Ele sempre ajudou muito, dá o que pode, faz o que pode e tudo o que ele puder fazer ele faz.

Meu pai era cantador de Folia de Reis. Em Duas Barras, participava sempre. As folias, quando encontram um presépio, cantam o nascimento de Jesus, e o papai sabia recitar os versos da Vida de Cristo e passava para os foliões, assim como outros que escrevia para os Mestres de Reis.

Martinho já gostava de Folia de Reis desde pequeno, mas não participava das folias. Se aparecesse alguma Folia lá nos Pretos Forros ele corria para ver, mas nunca participou de nenhuma de verdade. Ele e outros garotos de lá faziam folia de brincadeira e batiam nas casas para ganhar dinheiro. Depois de grande, onde tinha encontro de folias, ele ia. Foi ver na Cachoeirinha, na Mangueira...

O Martinho ficou 13 anos no Exército e trabalhava em datilografia. Falava sempre em sair, mas não saía. Só saiu do Exército quando ele entrou para a música.

Mãe Teresa pede a palavra para falar de como entendia a relação de Martinho com a Vila Isabel e com a família:

No tempo de Sargento ele não estava mais de frente nos Aprendizes da Boca do Mato. Foi para a escola de samba da Vila. Parece que ele nasceu lá!

Quem sabe se antes dele nascer ele já era daquele bairro, porque ele gosta tanto... A sensação que tenho é que antes dele nascer o espírito dele já andava pela Vila.

E eu não tenho como explicar! Sabe por que eu falo isso? Eu tive um sonho que eu andava ali em Vila Isabel e conheci esse lugar do sonho. Eu estou com 88 anos, vou fazer 89 no dia 15 de outubro, mas até hoje não consegui explicar a ligação de Martinho com Vila Isabel.

O Martinho é uma pessoa assim muito solicitada por todo mundo, mas ele tem uma coisa muito interessante que é essa calma, esse jeito maneiro. Ele nunca foi uma criança agitada, ele sempre foi essa calma que aí está.

Sempre foi assim, tem horas que nós deixamos ele sozinho para pensar as coisas dele, fazer música. Se ficarmos sempre em cima dele, ele não tem tempo para fazer samba. A mania dele era chegar em casa a qualquer hora da noite e olhar a casa toda, para ver quem estava. Além disso, sempre foi de trabalhar, o que faz desde pequeno. Gostava também de ouvir música, conversar. Na Boca do Mato se juntava com os amigos para fazer balão, pipa, mas o que ele gosta mesmo é do Vasco. Sua comida predileta é carne. Ele não era muito amigo dos doces não. Já rapaz, gostava de criança e de velho. Sempre foi solidário, sempre gostou de ajudar todo mundo e de andar direitinho, bem vestido.

Ele sempre foi bom, não é porque é meu filho não. Todo mundo acha ele legal, ele nunca se achou melhor do que ninguém.

Martinho tem os guias que o protegem e, como adorava a avó dele, a Comadre Procópia, sei que ela também protege ele.

Elza volta a falar. Conta o que considera como a coisa que mais a comoveu que o Martinho fez, que ela nunca vai poder recompensar, que foi ter ajudado a criar o filho dela desde os nove meses, sendo pai, amigo, companheiro, enfim, sendo tudo. "É aquela pessoa com quem você pode contar, que é irmão mesmo, que tem uma ligação profunda com a gente. Eu respeito a ele, e ele a mim!"

Mãe Teresa interfere e coloca:

Há uma coisa que eu nunca vou esquecer, ele deu casa para as irmãs dele, deu um telefone para todas elas. Quando alguma precisou vender a casa, ele acudiu e não deixou ela ficar sem casa. Sempre cuidou, acho que ele deu tudo para elas.

Acho que ele deu tudo o que pode, minha família é muito grande, eles todos de casa alugada, imagina só se fossem despejados? Deus me

Martinho e seus familiares.

livre e guarde! Onde ia ficar essa gente toda? Essa criançada. Deus é muito bom. Peço pra ele ajudar o Martinho. Sei que quando for preciso ele vai ajudar Deus a acudir os outros.

Um dia eu chamei o Martinho, não tinha ninguém em casa, só tinha eu e ele: "Senta aqui." Ele perguntou: "O que é, Mãe?" Eu falei: "Sabe o que eu quero? Que você ajude mais as suas irmãs." Ele riu muito, ele já ajudava, ele fazia compras para casa. "Mas eu quero que você ajude assim: dá um dinheiro a elas, quando você puder!" Ele perguntou: "O que a senhora quer que eu faça?" "Eu quero que você ajude a Elza com o filho dela, a Deusina com os filhos dela, oito filhos, a Zezé com três filhos." Ele perguntou: "E a senhora, Mãe?" "Eu fico aqui na casa!" "É isso que senhora quer?" "É isso que eu quero." "Tá bem!"

Aí ele foi, deu dinheiro à irmã, mandou fazer casa pra Deuzina em Jacarepaguá. Tá lá a casa dela e com um telefone. Esse meu Martinho é um filho maravilhoso.

Seria bom se o Seu Josué, pai do Martinho, tivesse vivido mais um pouco para também se orgulhar do filho. Não pergunto à D. Teresa pelo marido falecido, porque sei que ela não gosta de falar, nem ela nem as filhas, nem mesmo o Martinho.

Em seu livro *Memórias póstumas de Teresa de Jesus* (2003), Martinho mostra esse seu carinho e dedicação pela família. Nele retrata

Casamento de Cléo e Martinho, em Duas Barras.

a mãe e as irmãs, de forma romântica, literária e muito simples. No livro ele fala rapidamente do suicídio do Pai Josué, a maior tristeza dos Ferreiras, e, poeticamente, do desaparecimento da Mãe Teresa.

6.2 Martinho e Cléo

Ao longo de nossos anos de muitas conversas e encontros, paramos de falar da obra para falarmos da vida afetiva. Martinho situa sua relação com Cléo:

> A "Pretinha" é perseverante. A coisa mais impressionante que ela conseguiu fazer comigo foi levar-me ao casamento, um sonho dela que eu não pensava realizar. Éramos apenas namorados e eu não acreditava que a nossa relação ia perdurar. Tanto é que, pensando assim, completamente enamorado, dediquei a ela a música *Que preta, que nêga*.
>
> **Que Preta, Que Nêga**
> Preta, que preta, que preta
> Que preta, que nêga
> Nêga, que nêga, que nêga

Pretinha, que preta
Quando a pretinha chega para galderiar
Os meus olhos paqueras se abrem
Coração menino se apura
E os lábios se molham pro beijo que vem
Nosso amor passarinha qual pluma no ar
E os seres maldosos não sabem
Que mesmo transando a ternura é tão pura
Que os anjos nos dizem amém minha preta,
Preta, que preta, que preta
Que preta, que nêga
Nêga, que nêga, que nêga
Pretinha, que preta
Mas eu sei menina
Que um dia irás
Curvar-se ao destino
Que o senso impuser
Então eu serei
Simplesmente amigo
E tu serás só, saudade mulher
Mas sempre que eu estiver numa onda de sonhos
Com lua espiando ou sol por um juiz
Vou olhar lá pro céu
E pedir para os astros
Guiarem teus passos
Para seres feliz
Minha preta,
Preta, que preta, que preta
Que preta, que nêga
Nêga, que nêga, que nêga
Pretinha, que preta

 Casamento é um assunto complicado de falar porque eu fui sempre contra, mas lá vai.
 Para começar, na nossa sociedade, nas separações o homem, geralmente, tem de pagar pensão para os filhos. Sei que hoje muita coisa mudou, as mulheres trabalham e podem até pagar pensão, mas vamos dar um exemplo:

Um rapaz trabalhador que namora uma moça, se apaixona, casa, aluga uma casinha, monta com os móveis e utensílios e sonha com a casa própria. Depois de muita hora extra no batente, consegue comprar um apartamento financiado, mudam-se e ficam felizes. Ela não trabalha e cuida do filho que chegou. Ele dá mais duro e compra um carrinho popular, mais feliz ainda. Aí, não pode brigar com a mulher porque, se der em separação ele volta à estaca zero e ela fica com tudo. A casa com as coisas que estiverem dentro, o carro, a criança e ele ainda tem que pagar pelo desenlace. Se não pagar a pensão, vai preso.

Quando a minha filha Analimar estava namorando com a intenção de se casar, eu fiz um samba intitulado *De pai pra filha*.

De Pai Pra Filha
Ô filhinha
Se entrega ao estudo e se guia

Minha filha
Estuda, trabalha, se casa e procria

Oi filhinha, oi filhinha
Oi filhinha, oi filhinha

Já não é mais um problema
Uma experiência pré-nupcial
A autossubsistência antes do casamento
É que é fundamental
Seja sempre feminina
E jamais submissa, isto é,
Sem nunca se esquecer menina
Que homem é homem
E mulher é mulher

Se algum dia o divórcio chegar
Não vais ter problemas
Pra se adaptar
Nem vais viver de pensão de marido
E os teus filhos vão te admirar

A liberdade é um sonho
De quem permitiu se aprisionar

De início nenhum homem namora para casar, mas ao se envolver emocionalmente muito, e se a mulher quiser, acaba casando.

A mulher é que determina tudo. Quando uma mulher não quer dar, é quase impossível um homem possuir, agora, se uma mulher quer determinado homem e usa seus atributos de maneira inteligente, é difícil o homem escapar.

Graças a Deus eu não escapei da Cléo. Se não fosse ela eu seria um solteirão. O cara da minha idade que nunca se casou, deve ter algum grande defeito e eu seria visto assim.

A questão da idade nunca foi problema. Ela tem um espírito mais velho apesar de bem mais jovem que eu. A diferença é de 33 anos. Digo que ela é mais velha porque gosta das coisas todas muito certas, não admite muitas brincadeiras, não bebe, não fuma, não gosta de badalar. É sociável, gosta de ter amigos, mas prefere ficar em casa. Se vai a uma festa, pouco tempo depois está querendo ir embora. Eu era o contrário, mas tive de me adaptar, já que eu casei. Fui me moldando ao jeito dela e estou achando bem legal, ser caseiro. Ela me cuída como a um filho. Por ela eu não bebia nem fumava, mas eu bebo e fumo. Se estou sem cigarros ela é capaz de ir comprar e não me deixa sem vinho nem cerveja, sempre dizendo que eu devo parar de beber e fumar.

Nosso papo passou para a situação de casamento e de concubinato. Martinho se posicionou da seguinte forma:

Não vou responder por mim, eu vou falar pelo que ouço dos que eram concubinados como eu e depois se casaram. Todos dizem que viviam maritalmente, mas não se sentiam compromissados e resolveram se casar para dar segurança à mulher, mas elas, ao invés de ficarem mais relaxadas, ficam mais possessivas, ciumentas, exigentes. E quando têm filhos ficam com mais medo de perder o marido, apesar de hoje a nova lei proteger o concubinato, fazendo a situação ficar um pouco diferente. No passado se dizia "amigado com fé, casado é" e no presente a lei é que é a fé. Porém é mais conveniente a amigação, porque é menos problemático o desenlace. Divorciar é muito complicado.

Martinho fala sobre seus relacionamentos:

Com Anália eu convivi, mas morava oficialmente na casa da minha mãe. Tivemos três filhos, Martinho Antônio, Analimar e Mart'nália, e nos separamos amigavelmente. Com a Lícia Maria, a Ruça, foi tipo casamento, pois tive que pedir aos pais dela para irmos morar juntos e realmente fui. Ao nos separarmos a relação já estava desgastada. No período do desgaste eu me liguei à Rita e tivemos a Maíra.

Quando surgiu a Cléo eu vivia uma vida sentimental conturbada. Morava no Grajaú com a Ruça, ficava muito com a Rita, no apartamento que comprei em Laranjeiras, tinha algumas namoradas permanentes e conheci uma menina de 15 anos que me apaixonou e queria casar comigo. Relutei por um tempo, mas ela me pressionou e eu desfiz todas as relações. Fomos morar em Duas Barras e nos casamos.

Apesar de ser contra a instituição do casamento casei-me com ela duas vezes, uma na igreja e outra no cartório.

Não fomos à igreja nem ao cartório. O padre e o juiz é que foram até nós. Marcamos o casamento para o dia 13 de maio, Dia da Abolição da Escravatura, de N. S. de Fátima e também de Pretos Velhos, a ser celebrado na Fazenda do Cedro Grande. O padre não poderia realizar o enlace no dia 13 e eu propus que transferíssemos para o 31, mas a Pretinha não concordou. Então nos casamos, primeiro com o juiz na Fazendinha Cedro Grande, e 13 dias depois com o padre na Fazenda do Pacau.

Tem mais. Antes ficamos noivos oficialmente, com aliança, discurso e festa.

6.3 Cléo e Martinho

Cléo não é simplesmente a esposa do Martinho da Vila. Ela é a companheira protetora, aquela pessoa que zela pelo parceiro como um Anjo da Guarda. Em um dos encontros na fazenda em Duas Barras, eu perguntei sobre a história deles, do lado romanesco, na medida em que essa relação tem se consolidado através do tempo. Saber como a Cléo vê a história que começou tão cedo para ela e de como conduziu esse romance, que terminou em casamento, já que ninguém acreditava que o Martinho da Vila fosse casar no civil e no religioso, foi a nossa proposta, imediatamente aceita por ela:

Nós nos conhecemos no dia 25 de novembro de 86, eu tinha 15 anos. Fui convidada por um vizinho que tinha uma agência que fazia clipes para o Fantástico. Nunca tive pretensões artísticas, mas, para ele parar de me perturbar, aceitei o terceiro convite, que foi para gravar com o Martinho a música *Pagode da saideira*.
Minha mãe deu força e teve de autorizar porque eu era novinha. Tinha chegado no Rio com 12 anos, o Sul não tinha muita ligação com o samba e eu nem sabia direito quem era o Martinho da Vila. Achei estranho porque, na Praia de Grumari, ele estava de muleta. Ele ficou em pé me olhando e me chamou, vi que ele estava precisando de ajuda e eu o ajudei a se sentar, levantar para gravar, andar. Assim nos conhecemos. Pediu para eu pegar um chope para ele, depois uma caipirinha e daí tudo que ele queria, me pedia. O tal fotógrafo nos disse que formávamos um casal bonito e nos chamou para tirar uma foto, que depois nos daria e realmente deu e a temos até hoje. Lamentamos não ter o nome nem o contato do fotógrafo que testemunhou e registrou o início da nossa união. Terminada a gravação, eu ia ter que ficar esperando para a produção me levar para casa e ele anotou o meu nome, pediu meu telefone e eu dei, sem nem pensar em me tornar amiga dele. Não pensava nada.

Estávamos em Grumari e ele falou que ia sair de táxi, passar no dentista em Ipanema e poderia me deixar em Copacabana. Quando nós entramos no carro ele quase não falou nada. Só disse que estava cansado, eu falei que estava com um pouquinho de dor de cabeça, ele deitou a cabeça dele no meu ombro e dormiu. Na porta do meu prédio eu falei para o motorista dizer que eu tinha deixado um abraço para ele. Fui embora e o Martinho continuou dormindo. No outro dia ele me ligou. A empregada perguntou quem era, ele não quis dizer e eu mandei desligar. A empregada saiu, ele ligou de novo e eu atendi.

– Quero falar com a Cléo. Sua dorzinha de cabeça já passou?
– Quem está falando?
– É o Martinho da Vila.
– Já passou. Tudo bem contigo?
– Tudo.

Aí nós ficamos conversando. Ele disse que gostaria de me rever, eu disse que ia para o Sul, pois a minha mãe tinha um restaurante e uma casa noturna em Porto Alegre e que eu e ela ficávamos indo e vindo o tempo todo.

Quando minha mãe chegou eu falei que tinha conhecido o Martinho e que ele me telefonou. Ela ficou radiante. Disse que talvez pudesse fazer um show em Porto Alegre e me pediu o telefone dele. Eu estava de férias do colégio, eu e mãe íamos para Porto Alegre. Numa ligação dele ela atendeu, conversou com ele, ele ficou com o telefone lá do Sul. Fomos pra lá e ele ficava me ligando. Ligou no Natal, me ligou no Ano Novo, foi indo, aí um dia ele liga e diz que estava com as fotos que nós tiramos, eu falei que gostaria de ver e ele falou que poderia ir a Porto Alegre e levar as fotos. Eu não acreditei, pensei... "Tá bom que, de bengala, vai sair de lá para vir me ver e mostrar fotos." Mais tarde ele me ligou dizendo para eu reservar um hotel que chegaria no dia seguinte em tal horário. Ainda incrédula, falei: "Então tá. Vou marcar o hotel e reservar e esperar você no aeroporto."

Segundo ele, quando me viu pensou: "Gente... o quê que eu estou fazendo aqui? Ela é uma criança, não é uma mulher!"

Deve ter pensado assim, porque na gravação eu estava toda produzida. No aeroporto trocamos beijinhos de rosto e me convidou para almoçar. Então fomos para um restaurante que eu indiquei e no almoço ele me falou do acidente de carro que lhe quebrou as pernas, comentou sobre o clipe que iria passar no Fantástico, do LP **Coração malandro**, disse que era da E. S. Unidos de Vila Isabel e fui com ele para o hotel. Pegou a chave e falou: "Vamos subir." E eu entrei no elevador, morrendo de medo dele.

No quarto ele descansou a bengala, eu ajudei a abrir a mala, ele me mostrou as fotos, me deu uma fita cassete do disco, escreveu umas coisas para mim e eu disse que tinha de ir e voltaria para darmos uma volta pela cidade. Trocamos uns beijinhos de rosto e fui embora. À noite saímos para jantar, ele alisava meus cabelos e tentou me beijar. Eu, toda sem graça, pensava: "Nunca beijei um preto na minha vida. E agora meu Deus?" Estou sendo sincera, contando tudo que passava na minha cabeça. Ele, muito carinhoso, tentou novamente com jeitinho e aí eu tomei coragem e beijei com a boca fechada. Ele foi lá em casa, ficou em Porto Alegre o final de semana, veio para o Rio. Mal chegou, me ligou.

Aí ficou só no beijo. E o primeiro de boca fechada!

Isto aconteceu em janeiro de 87. Eu vim para o Rio sozinha, minha mãe ficou. Um dia ele foi lá em casa, me chamou para jantar no Porcão. Levei a Quênia, minha prima.

Eu já morava no Rio, eu só fui passar as férias lá em Porto Alegre. Aqui nós saíamos, às vezes com a prima Quênia, outras não, e ele se comportava tal qual namoradinho adolescente, como eu era.

Estava chegando o carnaval, falávamos de escola de samba, ele me contou o enredo da Vila que era *Raízes* e um dia ele falou que ia passar para me pegar e ir com ele a São Cristóvão. Eu não conhecia nada da Zona Norte do Rio e fui pensando: "para onde esse homem está me levando, meu Deus" e eu só indo. Chegamos num ateliê de costura; lá tinha uma fantasia me esperando, enorme, linda! Só então soube que era para desfilar na Vila Isabel. Eu fiquei toda feliz e peguei a fantasia. Nunca tinha desfilado. Foi ótimo. Na terça-feira de carnaval eu fui a um baile de carnaval com ele e conheci o Martinho Antônio, Analimar e Mart'nália, morrendo de vergonha. Era no baile do Guilherme Araújo, no Morro da Urca, que eles estavam cantando.

Já estávamos namorando de verdade. A gente se beijava muito, a ponto dele ficar com os lábios vermelhos, pois eu usava um aparelho corretor de dentes. Ele se comportava às vezes como um adolescente, às vezes como um senhor respeitoso. Não passava dos beijos. Três meses e o Martinho não tentava nada! Eu já estava ficando nervosa. Desculpa, mas cheguei a pensar que ele era gay.

Martinho falava muito de Duas Barras, onde nasceu, e me convidou para ir lá com ele. Antes passamos numa festa em Niterói onde o Capitão Guimarães reuniu uns amigos para comemorar o bom resultado da Vila e ao mesmo tempo se lamentar porque mereciam ser campeões.

De lá, pelo caminho de Tribobó, estávamos indo para Duas Barras, já era muito tarde e ele falou assim: "Preciso dormir um pouco, porque eu estou meio cansado. Vamos parar em algum lugar?"

Eu falei: "Vamos", era isso que eu queria. O Martinho é uma pessoa linda, apaixonante e eu fui-me encantando, porque o amor vem da admiração. Você vai conhecendo melhor uma pessoa, admirando e acaba se apaixonando. Assim foi com ele.

Então, começamos a namorar, primeiro a caminho de Duas Barras e depois logo que chegamos lá.

Nós nos conhecemos dia 25 de novembro de 86 e só namoramos de verdade no dia 13 março, numa sexta-feira de 87, praticamente quatro meses depois.

O Martinho foi meu segundo namorado. Tive outros namoradinhos antes, fui até noiva.

COMUNICADO

Participo que vou me casar com a Pretinha Cledisomar Lascano que já é Ferreira.

Quem vai dar a palavra final é o Padre Miguel, na presença do Juiz e com o seu testemunho.

Tudo vai acontecer na última segunda-feira deste mês, às 17 horas, na Fazenda do Pocan em Duas Barras - RJ onde eu nasci.

Vai ser emocionante.

Saravá

Martinho da Vila
maio, 93

Pretinha, meu amor
Depois de eu casar com você
eu renasci.

O Renascimento do Sambista

Martinho da Vila
SP, vinte anos após.

1ª Edição

Rio de Janeiro
GRUPO EMPRESARIAL ZFM
2013

Na volta de Duas Barras ele teve uma viagem para Nova York, me convidou, mas eu estava em aula e não pude ir. Na noite que ele viajou eu acordei passando mal com febre, minha mãe me levou para o médico. Me lembro bem até hoje. O médico disse assim: "Essa menina não tem nada, deve ser saudade do namorado." Eu disse: "Que namorado que nada!" Mas estava remoendo a falta dele. Ligava-me à noite, eu chorava até de manhã, de saudade!

Quando ele voltou eu disse pra ele que estava apaixonada. Dali pra frente, sempre que me chamava para viajar com ele eu ia. Fui pro Nordeste, pro Norte, pra todo canto eu ia. Também para o exterior. Foi até parar em Angola. Em muitos lugares perguntavam se eu era filha dele, ele respondia que era namorada e eu replicava: "Eu sou mulher dele." Ele sorria todo prosa.

Não sei direito como era a vida afetiva dele na época.

Eu era muito criança, eu não me ligava nessas coisas, se era casado, se tinha namorada... eu só pensava em ficar com ele. Nem pensava que podia ter outra. Nunca perguntei nada.

Sempre perguntam se eu era a "jaguatirica". Segundo ele, a "jaguatirica" era uma jaguatirica que ele tinha lá no Grajaú, eu não sei, mas não era eu. Soube que o Martinho teve uma namorada chamada Simone e há pessoas que pensavam que era ela, eu não sei direito. Jaguatirica era o apelido de uma amante do Zé Catimba de nome Beth e o Martinho trouxe do Norte uma jaguatirica de verdade e eles fizeram a música. A primeira música que ele fez para mim foi *Que preta que nêga*, em 1987.

Depois vieram muitas: *Me ama mô, Amo e acho pouco, Planetário, Pãozinho de açúcar* e tantas outras. A última foi *Ó que banza preta*.

Cléo comenta como a imprensa e os amigos viam seu relacionamento com o Martinho:

Eu acredito que no início ninguém dava bola porque acreditavam que eu era mais "umazinha" na vida dele. Não davam confiança para mim, não me levaram a sério, nem os parentes. À medida que foram notando que estávamos muito ligados é que começaram a se preocupar.

Eu pedi o Martinho em casamento com 16 anos, só que ele não aceitou, se bem que foi bom, porque eu era muito imatura e ele foi "empurrando com a barriga", como se diz. Um dia eu brigava, larga-

Na página ao lado: convite de casamento de Martinho e Cléo; dedicatória de Martinho para Cleo no lançamento do livro *O Nascimento do Samba*.

va dele, não queria mais.... ele me ligava e eu corria para os braços dele. Os meus amigos todos achavam que eu estava louca, todo mundo contra. Minha mãe não dava bola, só depois que se conscientizou que eu estava realmente apaixonada, porque se ele sumia eu adoecia. Então ela também ficou contra e no final das contas eu briguei com ela. Queira que eu me afastasse dele, não me dava dinheiro para nada, nem para a merenda na escola. Eu pegava dinheiro com a empregada para alguma coisa que precisasse, ao descobrir fez uma confusão danada, eu saí de casa. Fui para a casa de uma tia, o Martinho ia lá me ver, avexado, passei para a casa de uma amiga e ele resolveu alugar um apartamento para eu morar, mas não para ele morar comigo. Fiquei apreensiva, de morar sozinha, mas criei coragem e fui, morrendo de medo, mas sempre apaixonada por ele.

O apartamento era no Leblon, bem pequenininho. Eu tinha 17 anos, foi em 88. E depois daí, a relação se firmou mais. Ele ia muito ficar comigo, mas sem demonstrar confiança em mim. Sempre foi descrente da palavra de mulher e por isso tinha outras.

Num aniversário da Mart'nália, que eu não sei de que ano foi, nós nos aborrecemos e eu falei para ele que ou nós nos casávamos ou parava ali, que eu queria casar para ter um homem só meu, direito, sossegado, de cara limpa e que não podia ficar na gandaia do bar até altas madrugadas e nem dormir uma noite fora de casa. Ele riu, parecendo que estava achando ótimo.

Impus várias coisas, inclusive que tinha de casar comigo com padre e juiz. Dei uma semana para ele pensar.

Ele comprou alianças, juntou uns amigos e ficamos noivos. Nós casamos dia 13 de maio, no civil, na fazenda que ele nasceu, a Cedro Grande, e no religioso na do lado, a do Pacau, no dia 31 do mesmo mês, em 1993.

O casamento civil foi feito por um juiz que Martinho levou e o escrivão na Fazendinha Cedro Grande, e o casamento foi oficializado na mesa da cozinha, só com uns poucos amigos de Duas Barras, os empregados e o caseiro, Seu Mário. Dona Maria Fontes e o Rubinho Calvo foram as testemunhas. Dona Maria era mulher do seu Mário que tomava conta da sede da fazenda.

O casamento religioso foi uma beleza! Nós já morávamos na Fazenda do Pacau e foi realizado lá, comigo vestida de noiva, o Martinho todo lindo e o padre paramentado, ao som da música "Malandrinha", com Rildo Hora tocando gaita e o Manoel do Cavaquinho, solando.

Todos que presenciaram ficaram emocionados. Meu pai, minha mãe, os parentes que viajaram de Porto Alegre e grande parte da família do Martinho estavam presentes. Tivemos muitos padrinhos.

Eu fiz umas reformas na Fazenda do Pacau, que ficou linda!

Nesse tempo lembro do primeiro preconceito que eu sofri na minha vida. Quase morri do coração. Eu estava em um salão fazendo as unhas, o Walter, no shopping Iguatemi, e tinha uma moça também com as suas sendo feitas. A manicura virou para a cliente e disse que eu era a esposa do Martinho da Vila. A mulher disse: "Muito novinha, branca... casou com ele por causa de dinheiro."

Eu, furiosa, perguntei se ela me conhecia e ela, assustada, disse que não. "Mulher que se casa sem amor, exclusivamente por dinheiro, vende o corpo como as prostitutas."

Eu fiquei arrasada, mas não deixei barato. Ao sair, cutuquei a preconceituosa e falei: "Queridinha, eu tenho muito mais dinheiro do que ele e só casei com ele porque eu o amo muito." Ela não me respondeu, baixou a cabeça, mas eu fui embora magoada. Em casa eu chorei muito.

Cléo situa sua família de Porto Alegre e suas raízes:

Eu sou gaúcha, nasci em São Borja dia 6 de fevereiro de 71, minha mãe, Cledi, tinha 16 anos e meu pai, João Omar, 17. Da junção do nome deles saiu o meu estranho nome, Clediomar. Logo que eu nasci eles se separaram e nunca mais se viram. Vinte anos depois eles se reencontraram e decidiram ficar juntos para sempre. Infelizmente estou órfã de pai há algum tempo.

Cursei Psicologia, mas fiz todo o primeiro grau num colégio de freiras lá no Sul e o segundo aqui no Rio. Me entregar ao Martinho foi muito bom, mas me atrapalhou um pouco porque eu não conseguia estudar. Ficava andando atrás dele para todo lado, Brasil e exterior. Ao largar a casa da mãe, fui trabalhar de balconista e depois, incentivada por ele, entrei para a Faculdade Helio Alonso e fui estudar Comunicação. Resolvi parar e fui para a Santa Casa fazer um curso de Instrumentação Cirúrgica. Trabalhei uns dois anos como auxiliar em cirurgia plástica. Nos casamos e fomos morar em Duas Barras.

Vivi muito em fazenda quando criança, em São Borja. Estava acostumada a ver minha tia... Que ainda tem uma grande propriedade lá, lidar com bois, cavalos, galinhas... Martinho abriu para mim uma loja na cidade, de roupas e artigos para presente, e eu trabalhei na loja que foi o maior sucesso, mas quando fiquei grávida do Pretinho não conseguia manter a loja e resolvemos voltar para o Rio.

O nascimento do Preto foi bem programado. Eu sou uma pessoa extremamente programada, gosto de tudo certinho. Só pensei em ter filhos depois de casada. Casei, e ansiosa fiquei tentando por um ano e nada do neném vir. Pensamos até em adotar um e quando estávamos quase decididos, fiquei grávida.

O Preto nasceu no dia 9 de dezembro de 1994. O Martinho nunca tinha assistido uma ultrassonografia e dizia que só assistiria o parto obrigado. Eu bati pé e disse que não tinha feito filho sozinha e que ele tinha de, na hora, estar lá comigo. No final das contas ele foi assistir o parto e saiu babando, todo feliz da vida.

Ser mãe para mim é maravilhoso. Mulher só fica realizada depois que tem um filho. Eu queria ter mais três, achava que todos seriam homens, mas veio a Alegria para alegrar a gente.

Eu tenho noção clara da minha participação na vida do Martinho. Entendo que o meu papel mais importante é cuidar da saúde dele. Me preocupo muito com a aparência, porque ele é um artista e a imagem é primordial. Eu corto as unhas dele, pinto a barba dele, decido com quais roupas ele vai sair. Não deixo sair desarrumado. Ele tem um apego com as roupas velhas, mas eu as escondo e depois dou para os pedintes. Já aconteceu dele olhar para os mendigos num sinal de rua e dizer:

"Aquela camisa que aquele cara está usando parece com a minha."

"Era sua. Eu dei para ele, para você não ficar usando roupa velha."

E ele sorri.

6.4 Filhos e Netos

Pensar na *família* sempre foi uma tônica na vida do Zé Ferreira. Pensando nas crianças, participou de um disco muito especial chamado **Você não me pega**, que é obra obrigatória para todos os que lidam com educação e com cultura brasileira. Ele nos conta como o disco surgiu:

> **Você não me pega** partiu de uma ideia do Rildo Hora, que era da gente fazer umas músicas sem compromisso, já que nós compositores fazemos uma música aqui, outra ali e só fazemos música seriamente

quando acionados: um samba-enredo para a escola, uma trilha sonora para um filme, uma música para novela, uma música para um cantor que pediu para você fazer ou uma música para um novo disco. Mas é sempre para um compromisso.

O Rildo queria fazer música por fazer, sendo que teria umas parcerias comigo. A ideia foi amadurecendo e eu pensei que a gente deveria ter uma temática para trabalhar. Resolvemos, então, fazer música para criança. Aí nossa cabeça viajou e pensamos em fazer uma peça musical infantil e fizemos as músicas. São todas voltadas para criança, mas não são músicas infantis. Pensei em fazer logo a peça, mas achamos melhor gravar primeiro o disco. O próximo passo seria criar a peça **Você não me pega**, que fosse uma peça para criança, mas que um adulto possa ver e curtir.

Aproveitamos para falar das afirmações todas da cultura brasileira e de nossos valores. O disco tem samba, xaxado, baião, coco e umas canções que hoje ficam difíceis de se definir.

O **Você não me pega** é dedicado ao Preto, o filho do casamento de Martinho com Cléo, sendo que *Preto Ferreira* é o nome da primeira faixa, criada e interpretada por Martinho, com o choro do Preto e a participação de filhos e netos. A letra é um verdadeiro primor, como se pode observar, mostrando a maneira africana de apresentar o filho ao cosmos:

Preto Ferreira
Luar, luar
Pega a criança e ajuda a criar
Meu compadre
O pretinho tá nadando
Na barriga da comadre
Quando a bolsa se romper
Vai sair esperneando
Chorando, fazendo careta
Mas seu choro é pra dizer
Que a gente tem que comer
E o seu primeiro prazer
Mamar na teta
Vô
Quando o Preto crescer

Que será que ele vai ser
Será que ele vai ser ator ou atleta?
Depois de aprender a andar
Vai ter muito que estudar
E o nosso Preto menino
É quem vai saber fazer
E escolher
Seu destino, sua via
Êh, lua cheia
Êh, estrela guia
Poderá ser professor
Maestro, compositor
Diplomata, senador
Obstetra, sacerdote
Jornalista, dentista
Talvez psicanalista
Ou um belo ritmista
É o que me prenuncia
Sua estrela alvissareira
Foi gerado com amor
Tem no nome a bela cor
Preto Liscano Ferreira

Martinho nos confessa que a preocupação com as crianças o levou a mudar sua forma de trabalho, pois o Rildo Hora trazia as músicas inteiras ou o embrião, e ele completava. Num dado momento, porém, pediu para fazer o inverso: entregar a letra para ser musicada, pois estava pensando no problema dos filhos de pais separados e na dificuldade deles entenderem as novas relações. Daí surgiu *Materno e paterno amor*, que o Rildo musicou magnificamente e que serve como base excelente para discussão em escolas e lares, sobre esta situação tão delicada e tão presente na vida de inúmeras famílias brasileiras. A interpretação ficou por conta da bela cantora Ithamara Koorax:

Materno e Paterno Amor
(Martinho, Rildo Hora)
Gosto do papai
Gosto da mamãe
Separadamente

Não estão mais juntos
Mas são bons amigos
E muito me amam
Tenho namorado
E a mamãe também
Meu pai casou de novo
E a mamãe talvez
Padrasto e madrasta vão fazer felizes
Mamãe e papai

Quando eu crescer
Quero me casar
Mas tem que ser pra sempre
Quero que meus filhos
Tenham pai e mãe
Permanentemente
Se assim não for
Terei feito tudo
Para que eles soubessem
Que o amor paterno
E o materno amor
Sempre permanecem

Você não me pega situa toda a necessidade de preservarmos a criança que existe dentro de nós, bem como nossas recordações de infância, nossa vida em família e nossos valores culturais. Através das letras de Martinho e das melodias de Rildo Hora, percorremos um Brasil real, falamos de coisas sérias e conversamos com as crianças sobre tudo, desde sua concepção e nascimento, até suas preocupações com a família, como constatamos em músicas como *Menino perguntador*, *Anda sai dessa cama*, *Tá com medo chama o pai*...

Em *Menina de rua* se destacam a reflexão do Martinho sobre os menores abandonados e a interpretação magnífica de Mart'nália de uma excelente letra.

Menina de rua
Diz menina, o que aconteceu

O meu pai se mandou de casa
E a mãe desapareceu
Vendo bala, pipoca e amendoim
Pra sobreviver
Pra viver

As marquises são o meu teto
E as ruas a minha escola
Os adultos maltratam a gente
E tudo é tão ruim
Tão ruim

Diz menina, quem é você?

Sou criança
Mas tenho sonhos lindos
E vou crescer
Quando grande eu vou querer cuidar
Dos iguais a mim

Diz menina, o que já sofreu

Passei fome e também fui agredida
Mas eu não tenho medo
De falecer

Pois sonhei que no céu tem uma cidade
Só pra crianças
Como eu

Lá a gente almoça, janta
E dorme de cobertor
Professores nos dão amor
Não se teme o anoitecer
Tem duendes pra proteger
Anjos bons chegam de manhã

Diz menina como acordou
Acordei querendo morrer

A música que dá titulo ao disco é interpretada por Bia Bedran e revive todo um cenário de brincadeiras de roda tipicamente brasileiras, que estão se perdendo no atual dia a dia, que prende as crianças a uma telinha de televisão ou aos vídeo games:

Você Não Me Pega
Ontem eu sonhei
Que éramos crianças
E a gente brincava muito
A gente sorria
A gente corria
Na brincadeira de pique
Você não me pega
Feridor sou rei
Gude no triângulo
Ou no Zepelin

Búlica no chão
Jogo de botão
Bafo-bafo, figurinha
Chicote queimado
Mandraque parado
Pulos amarelinha
Você não me pega
Feridor sou rei
Pulando carniça
Ou no garrafão
Eu queria era soltar pipa
E também rodar o meu pião
Mas a gente não tem mais espaço
Play não dá pra jogar bola
Pra brincar de polícia e bandido
Peço por favor que não me chame
Cabra cega é quebra-cabeça
Ao montar nosso autorama

Bom seria é ler historinhas
Mas você não larga o vídeo game!

A Lei 10639/03, ao tratar do ensino de cultura negra nas escolas, descortinou todo um processo civilizatório que precisa ser conhecido, entendido e trabalhado, fazendo com que um novo olhar seja lançado sobre o cotidiano de todos nós, que sempre lidamos com a invisibilidade das características culturais de base africana em nosso país. O trabalho de Martinho e Rildo Hora neste CD infantil torna possível mostrar para as crianças a vida na sociedade brasileira, situando a presença das tradições culturais negras, sua religiosidade, danças, brincadeiras e aspirações de cidadania.

O que retratamos aqui mostra o que Marco Aurélio Luz fala em seu livro *Agadá* (1995, p. 113), em relação ao conceito nagô de uma pessoa forte, com grande poder: é *agbara,* que quer dizer *agba* (velho) e *ara* (corpo).

Martinho da Vila evidencia um saber adquirido por estar cumprindo o seu destino sem grandes problemas, tendo saúde, felicidade e respeito de sua família e dos demais. Cada *agbara* se torna lembrado e homenageado por tudo que realizou em seu trabalho, em sua família, pela cidade e pelo país. Segundo a tradição nagô, *Martinho da Vila é agbara.*

6.5 Amigo e parceiro: Manuel Rui Monteiro

Os contatos de Martinho com Angola criaram muitos vínculos de arte e de vida. Uma das amizades mais significativas foi com Manuel Rui Monteiro, consagrado escritor angolano, que atuou como Ministro da Informação do MPLA, sendo membro fundador da União dos Artistas e Compositores Angolanos, além de membro da União dos Escritores Angolanos. Através de Martinho consolidamos amizade com Manuel Rui que, em uma de suas vindas ao Rio, deu seu depoimento sobre a situação do negro no mundo e sua visão do Martinho. Esse encontro foi gravado na varanda de minha casa.

Rio de Janeiro, 26 de julho de 1990: dia feliz de reencontro com esse querido poeta, amigo e grande pessoa que é Manoel Rui, e nós estamos falando sobre coisas do Brasil e do mundo, situando o Martinho da Vila nesse contexto.

Manoel falou sobre as marcas brasileiras e as dificuldades que nós temos na relação dos artistas branco e negro, dos intelectuais branco e negro e de toda uma diferença do processo de colonização e de educação do negro e do europeu nos Estados Unidos, e logicamente, nós entendemos que é impossível ao brasileiro fugir da sua marca africana por tudo o que se assemelha aqui ao continente africano.

O que nos deixa mais espantados é ver que mesmo nos Estados Unidos, apesar de todo o meio adverso, o negro americano adaptou a sua maneira de ser à maneira de ser de um país temperado, do inglês. No entanto, ele manteve muito viva a sua maneira negra de ser e, se nós analisarmos um pouco mais profundamente, nós vamos perceber que o que fez sucesso no mundo inteiro a nível de emoção e de música tem sido a música negra americana cantada por branco, mas basicamente negra, e que cada vez mais a sociedade americana tem como característica sua um tipo de arte produzida pelo negro americano e oriunda da cultura africana.

Manuel Rui fala da abordagem de cultura cívica, da cidadania, do que se passou no Brasil e do que se passou nos Estados Unidos em termos de colonização e adaptação dos componentes e dos grupos étnicos que vão acabar por integrar a maior parte da sociedade que existe aqui e lá. Portanto, de um lado a componente indígena, os donos da terra. No fundo, os que eram exploradores, tomaram conta das terras que eram dos outros, que eram dos índios. Eu penso que Brasil e Estados Unidos são processos completamente diferentes, mas o que está em causa hoje são as transformações que vão ocorrendo no mundo. É exemplar o tratamento do negro no processo brasileiro, já que, não obstante o negro nos Estados Unidos ser uma minoria, tiveram embaixadores em suas famílias, candidatos à presidência (e um presidente negro, Barack Obama, eleito em 2009) e já tiveram, vamos dizer assim, heróis nacionais por luta dos direitos dos homens, enquanto que no Brasil os heróis negros são o Pelé, Neymar e poucos mais. Isto parece ter a ver com o tipo de colonização e também com a maneira como a sociedade se organiza.

Manuel Rui faz suas considerações, relacionando nosso país com os países africanos:

Podemos verificar a sociedade sul-africana, pois acho que Joanesburgo é uma cidade de certo modo desenvolvida. Não a considero uma cidade do Terceiro Mundo, mas conseguiu forjar o maior partido africano que é muito antigo, e a certa altura nesse partido começaram a aparecer muitos brancos comunicantes do partido, sendo que os primeiros filmes que eu vi sobre o *apartheid* eram os negros nas universidades que faziam. Sempre a juventude a lutar contra as polícias, sendo que, devagarinho, começaram a aparecer os brancos para lutar contra o *apartheid*. Isso é muito importante, já que as transformações sociais surgem a partir de um quadro social. Obviamente o ANC[1] pode parecer mais forte, estamos a ver agora o filme, porque o ANC tinha uma base organizada em um quadro social que era o quadro inglês, o outro era o quadro social português. Onde eu quero chegar é que ser colonizado por um subdesenvolvido é diferente de ser colonizado por um desenvolvido; ser colonizado por uma potência como é a Inglaterra que tinha dado um pontapé de saída da Revolução Industrial, é diferente de ser colonizado por um país, no caso Portugal, que, mesmo fazendo o comércio de escravos, os bandos eram assaltados no caminho e o inglês e os holandeses tiravam os escravos.

Parece que há uma certa diferença de ser colonizado por um país que é escravo do outro, é escravo do desenvolvido e que só há pouco tempo entrou na Comunidade Europeia. Mas quando se fala em país, falamos em sistema, porque eu admiro imenso a sua cultura, não renego a descendência portuguesa nem do ponto de vista cultural, e acho até importante, não só na sociedade angolana como na sociedade brasileira a componente da cultura portuguesa. Considero muito importante, mas temos que ver em termos de desenvolvimento. Obviamente, os Estados Unidos foram muito mais independentes. Vieram de um país rico e tinham muitas vantagens do ponto de vista geográfico, do ponto de vista climático variado etc. Riquezas de subsolo, riquezas digamos assim em termos de agricultura de subsistência e etc. Tudo bem, estão os Estados Unidos aí à vista tendo o mesmo histórico o Canadá.

---

[1] ANC – African National Congress (Congresso Nacional Africano), partido político nacionalista e socialista da África do Sul. Manuel Rui o compara com as organizações das antigas colônias portuguesas nas guerras de independência, particularmente as de Angola: FNLA (Frente Nacional para a Libertação de Angola), MPLA (Movimento Popular para a Libertação de Angola) e UNITA (União Nacional para a Independência Total de Angola).

No Brasil toda gente fala que é um espaço riquíssimo, foi também colonizado por europeus, os portugueses, e o desenvolvimento do Brasil em termos de sistema de domínio político é feito por descendentes portugueses. O desenvolvimento dos Estados Unidos é feito por descendentes também europeus, ingleses, franceses e etc. Pode-se ver a diferença, diferença que tem as suas vantagens e também tem as suas desvantagens porque uma coisa é a alegria brasileira no carnaval, outra coisa é o inverno de Nova York.

Não podemos ter o rigor sistemático de tudo estar mal porque é subdesenvolvido. Já o outro que era desenvolvido está subdesenvolvido, também. Falamos no domínio da cultura, no outro domínio, o econômico e social, não há duvida de que o negro que vive na África do Sul e o negro que vive nos Estados Unidos têm maior horizonte para a sua dimensão reivindicativa do ponto de vista político. Do ponto de vista social é diferente, já que não é por acaso, depois de passar uma série de revoluções, incluindo a nossa, que tinha um mito e ainda tem, que se chama Agostinho Neto, poeta, herói nacional, revolucionário, respeitado em todo o mundo. Angola sofreu na carne a luta contra o *apartheid*, lutando contra o exército sul-africano e faturando uma montanha de jovens que ficaram sem as pernas, mutilados, fora os mortos. Portanto, precisamos de um desconto, já que uma década foi preciso para o seu desenvolvimento permitir envolvimento na independência da Namíbia e do Zimbabwe. Tivemos um diálogo, desenvolvido com o Le Klerk e com o Nelson Mandela, que se torna uma estrela mundial, vai a Wembley e a um festival. Em todo país onde Mandela aparece é visto como um astro mundial. É um negro, passou grande parte da sua vida na cadeia etc. Então eu penso que isso tem um apontamento de demasiada importância para a luta do negro brasileiro, eu nem chamaria luta por tudo, já parece claro, quando se diz que a cultura brasileira é uma cultura negra, eu não diria que é a mesma cultura brasileira. Vamos deixar esses extremos, para não transformar uma realidade que está mais ou menos visível numa guerra entre a Tunísia e as culturas e muito menos fazer sustos às pessoas, porque quando se diz que a cultura brasileira é uma cultura negra, dá impressão que as favelas vão descer por aí abaixo e vão partir isso tudo. O mundo já tem exemplos disso e nessas alturas já se resolveram problemas mais tranquilamente, pois temos a história toda para trás e agora estamos a fazer a revisão dessas revoluções.

Acho que o Brasil é um país diferente do mundo, tem vários componentes étnicos, vários componentes culturais, com a predominância da componente cultural que é sua força de trabalho numérica negra, mas o que se deve perspectivar é a sedimentação dessas diversas componentes e, se nós repararmos bem a nível daqueles estragos, o que mais contribuiu no aumento da sociedade são os intelectuais. Políticos não inventam nunca nada, os políticos vão buscar as coisas com os teóricos que hostilizaram a sociedade. Se nós repararmos bem, no Brasil os intelectuais parecem que, numa boa porcentagem, liquidam a problemática da cor como um fator de diferenciação social e econômica etc. e, por outro lado, há de ter em conta um fator que parece muito importante que é da juventude.

A juventude brasileira começa a perceber, não de agora, mas de um tempo atrás, que é valorizada em termos de Brasil. A juventude brasileira, exatamente por ser de um país misturado, tem na Europa uma certa referência cultural. Os jovens gostam de se trocar, de ir ao Brasil, de conhecer brasileiros nas partes de esporte, de música, de arte. Isto porque o Brasil, no seu sentido compósito étnico cultural, corresponde àquilo que no fundo o mundo deseja, quer dizer, o mundo total, o mundo sem discriminações, o mundo em que as raças vão acabar. A menos que se faça uma viagem de pessoas, os brancos ficam aqui, guardam-se os negros ali, os amarelos do outro lado, porque se não fizerem isso, daqui a 4000 anos vai haver só raça humana, e portanto, se vai haver só raça humana, é necessário que toda a luta que se possa fazer no Brasil, em qualquer parte do mundo, deva ser sempre entendida na perspectiva do homem, na legitimação dos valores que cada um de nós possa dar à sociedade nas diferenças culturais. Quem quiser fazer, digamos assim, um exercício de minorias, que o faça, mas que vai acabar mais tarde ou mais cedo, vai acabar. O exercício de uma minoria qualquer no Extremo Oriente, numa República Soviética ou aqui, vai acabar, as suas raças a se misturar, vai se misturar porque as pessoas não são como os animais, elas se comunicam, as pessoas comunicam uma coisa a outra.

As culturas são dinâmicas, o homem é dinâmico, é uma necessidade!

A dinâmica das culturas vai acabar com isso tudo, portanto, quem pensar diferente está a pensar que está travado, está a pensar que está a pôr um freio na dinâmica, mas isso é estupidez porque pôr um freio já contribui para essa dinâmica porque dá atenção a outros exemplos. Como é possível? Não se pode travar. A questão pode ser ponderada assim em termos de luta global, muito menos do momento atual, mas em termos de luta no sentido físico, digamos assim, no sentido cultural, pois a cultura sempre volta. Fazer cultura é fazer luta, fazer teatro, fazer música é viver a lutar, é lutar contra a morte.

Agora situo o Martinho dentro dessas colocações!

Nessa perspectiva eu penso que Martinho da Vila ganha muito porque ele tem um amor profundo pela vida, já que toda música dele no fundo é uma luta contra a morte, é uma vontade de viver, uma vontade de expressar aquilo que pensa, vontade de ligar sentimentos de pessoas, juntar mãos. É tão bonito juntar mãos com o solo, com a Lua, com as estrelas, sendo assim o Martinho da Vila é um grande criador, um grande intérprete. Eu queria abordar a plumática da voz do Martinho, que ele, além de ser um grande cantor, é uma pessoa que sabe dizer muito bem as coisas com a colocação que ele faz da voz e consegue manter o ouvinte, o sujeito receptor da sua mensagem num embrulho de sua voz, no embrulho da sua música, no embrulho do ritmo, perspectivando aquilo que ele deseja com a mensagem.

Aparentemente esse exercício apresenta-se para alguns, os mais interessados na mensagem, muito intelectualizado. Apresenta-se como um exercício fútil de pessoa de exagerada facilidade, só que fazer fácil, em meu entender, em arte, é o exercício mais difícil, e Martinho da Vila é grande exatamente porque é um artista da mensagem fácil, a mensagem que se recebe sem grandes dificuldades, sem grandes elucubrações, e portanto é crível. Eu gosto do Martinho.

CAPÍTULO VII

VIVENCIANDO UM NOVO SÉCULO

Entramos nos anos 2000. Um novo século, no qual o sucesso continua não sendo a grande preocupação de Martinho, sempre em busca de sua realização pessoal.

Ao trocarmos ideias sobre a chegada de um novo século, Martinho nos fala de suas propostas:

Para mim não há nenhuma responsabilidade maior ou menor com o sucesso. Cada disco que eu faço é dentro de uma ideia. Estou sempre pensando em fazer algo novo. Se ele for bom ou ruim a culpa não será da gravadora. Um disco pode não ter deslanchado por não terem se empenhado muito. Acharam bonito, importante culturalmente, mas isso os levava a não descobrirem o apelo comercial que havia nele, mas eu nunca pude reclamar porque sempre fui livre para fazer o disco da forma que quis.

Agora eu tenho que fazer um novo disco e esse é um grande problema. Eles estão sempre com medo e se questionando: "O que será que o Martinho está planejando? Será um disco de folclore? Vai falar de política ou sobre a África? De qualquer maneira, tomara que seja bem popular."

Vão tocar no assunto daqui a umas duas semanas, dez dias, vamos ter que falar sobre esse assunto delicado. Eles querem vender disco. Gravadora é uma empresa comercial. Investe um pouco e quer ganhar muito. Sabem que eu sou um grande vendedor de discos e, querendo lucrar comigo, eles estão jogando a meu favor também. Só que eu, sendo artista, antes de sonhar com lucros tenho de pensar em fazer um trabalho bom e bonito.

Ultimamente a gente cria em função das coisas que têm que serem feitas, não se escreve uma coisa por escrever, sempre tem um objetivo. É alguém que pediu para um projeto, uma cantora que gostaria de uma inédita minha, a gravadora que espera um novo sucesso. Mesmo entendendo que deve ser assim, eu gostaria de fazer uma outra *Casa de bamba*, um outro *Pequeno burguês*, *Ex Amor*, *Disritmia*, mas prefiro deixar fluir, sem me preocupar com a superação. Gostaria muito de ser cantado pela Nana Caymmi, a Elba Ramalho, a Maria Bethânia, e elas já me pediram músicas, mas não rolou.

Os discos deste novo século reafirmam sucessos e mostram a relação com a família, que floresceu no meio artístico. A filha Maíra se torna conhecida e faz sucesso como pianista, compositora e intérprete. Mart'nália é brilho só! Estrela de primeira grandeza, segue os passos do pai, trilhando o caminho do sucesso. A Trinca Própria continua atuante no meio musical e na Unidos de Vila Isabel, sendo que a filha Analimar é vice-presidente da escola mirim Herdeiros da Vila, promovendo cultura e mantendo a tradição. Os filhos de Analimar e seu companheiro Paulo Ventapane participam da escola: Raoni na bateria e Dandara, que foi porta-bandeira da Vila, seguiu carreira e foi para a União da Ilha do Governador.

Não temos como enumerar todos os prêmios conquistados. Toda a história de Martinho está no rico acervo de Duas Barras, sua cidade natal. Já acumulou muitos títulos, que estão guardados com carinho: Cidadão Carioca, Cidadão Benemérito do Estado do Rio de Janeiro, Comendador da República em grau de oficial, Ordem do Mérito Cultural, por sua contribuição à cultura brasileira. Coleciona as medalhas Tiradentes e JK, em Minas Gerais, e a famosa Pedro Ernesto, no Rio, tendo obtido, também, o Prêmio Shell de Música Popular Brasileira de 1991, além de se tornar membro da Academia Carioca de Letras do Rio de Janeiro em 2014.

Sua relação com a literatura se deu por conta de seu primeiro samba-enredo na Escola de Samba Aprendizes da Boca do Mato, em 1957, quando pesquisou sobre a vida de Machado de Assis para homenagear os 50 anos de sua morte. Ao chegar em sua maturidade musical e poética, voltou-se para a literatura, registrando seus trabalhos em ensaios e romances.

Vamos tratar agora do Martinho neste século XXI, destacando, em seus trabalhos, suas diferentes facetas de cantor, compositor, escritor e produtor que, como podemos constatar, mantém suas características da juventude.

Em setembro de 2000 realizou, no Teatro Municipal do Rio de Janeiro, um de seus projetos mais arrojados: o **Concerto Negro**, idealizado junto com o Maestro Leonardo Bruno, espetáculo que enfocou o negro na música erudita e que virou livro.

Em 2001 Martinho lança o livro *Ópera negra*, com capa de Elifas Andreato, editado pela Editora Global de São Paulo. Dedica o livro para Cléo, para os moradores do Morro dos Macacos em Vila Isabel e para os amigos da Serra dos Pretos Forros, na Boca do Mato.

O livro trata da realização de um sonho do autor: realizar o concerto negro de música erudita nos palcos do Teatro Municipal do Rio de Janeiro. Atuação política importante, a de levar a comunidade negra à sala de espetáculos mais conceituada da cidade. Afirmação cultural negro-brasileira, seguindo os passos de Abdias Nascimento com o Teatro Experimental do Negro: demonstrar a capacidade, criatividade e versatilidade do artista negro.

Nesse livro encontramos verdadeiras pérolas como essas, nas páginas 31 e 32:

> Os negros têm muito de que se orgulhar e um dos motivos de orgulho é a ancestralidade musical. Toda música das Américas, dançante ou não, tem origem no continente africano. Os spirituals, o gospel, o rap e até o rock, americanos do norte, são negroides. [...]
>
> Acredito que o semba angolano, que deu origem à palavra "samba", é parente distante do principal ritmo do Brasil, mas é irmão mais velho dos sons da América Central. A contagiante música ligeira cubana, o funk, o reggae, o calipso e todos os sons das Antilhas, incluindo as canções dolentes são essencialmente africanas.[...]
>
> Os rituais afro-religiosos no Brasil nos legaram os jongos, os afoxés e caxambus, bem como os congos do Espírito Santo e tantas outras manifestações regionais.

Por contar a epopeia das favelas brasileiras, o cantor e compositor Martinho da Vila foi recebido no Salão do Livro de Paris, no dia 23 de março de 2013, onde apresentou a tradução em francês do livro *Ópera negra*, publicado pela editora Divine e transformado na língua de Molière em *Opéra noir*. Martinho conta o que discursou na ocasião:

> Eu tive o sonho de um dia fazer um concerto, pois sempre se falou do negro nas artes, especialmente na música popular, mas eu não tinha informações sobre o negro na música erudita, pouca gente tem. Por isso, o texto não deixa de ter um tom militante, evocado logo na introdução, que cita Martin Luther King: "Sonhem, sonhem! Sonhem mais!"

Martinho não abriu as portas apenas para muitos músicos no Brasil, mas projetou a música brasileira no mundo. Com seu jeito peculiar, mostrou como um artista sensível e versátil consegue ultrapassar a barreira do idioma, cantando em francês, além de congraçar num mesmo abraço todos os países de língua portuguesa. Seu disco **Lusofonia** (2000) nos prova isto, como verificamos na letra de *Fazendo as malas*, onde encontramos um pouco de suas andanças e da estrutura de seu romance de 2006, *Os lusófonos*.

Fazendo as malas
(Martinho da Vila, Rildo Hora)
Ô mulher
Vem fazer as malas
É preciso caminhar
Pras outras bandas do mundo
Lá pras terras de além-mar
Cantar, sorrir, curtir, amar e desanuviar
Iremos em busca da paz
Nossos corações precisam demais
A caminhada
Vai ser legal
Vamos fazer amor lá em praia
E nas praias da Ilha do Sal
Depois do mar da Madeira
Vamos voar pra Guiné
Pegar um sol nos Açores, Príncipe e São Tomé
É bom dançar um marrebenta em Maputo
E em Luanda um Semba daquele país
Depois de um fado em Portugal
Vamos pra Goa e Macau
E voltar bem feliz

No romance *Os lusófonos* encontramos as pegadas de Martinho pelo mundo africano de expressão portuguesa, muito bem delineadas pela fala do protagonista Aristide Samora Cabral Neto. Só a análise deste nome nos remete ao universo das grandes lideranças africanas:
- Aristide Maria Pereira, primeiro presidente de Cabo Verde, desde a independência em 1975 até 1991, quando ocorreram eleições livres;
- Samora Machel, primeiro presidente de Moçambique, que comandou a Frente de Libertação Moçambicana (FRELIMO), conseguindo a independência em 1975;

- Amílcar Cabral, organizador do Partido Africano de Independência da Guiné e Cabo Verde (PAIGC), que proclamou a independência da República da Guiné-Bissau em 1973;
- Antonio Agostinho Neto, médico e poeta, que criou o Movimento Popular de Libertação de Angola (MPLA) e proclamou sua independência em 1975.

Com uma história leve e plena de poesia, o livro nos conduz por ruas e vielas, praças e cidadelas, amores e desamores, situando as dificuldades de um escritor, suas trajetórias, seus sonhos e devaneios. O romance nos leva pela Ilha Terceira, chamada de Paraíso Verde, passeia por Macau (na China), por Lisboa, por Goa (na Índia), pelo Rio de Janeiro, além de falar da terra natal de Aristide, o herói da história, que é a ilha Príncipe em São Tomé. Ao situar os oito países de expressão portuguesa, mostra o fascínio desta aventura, que une espaços tão diversos com uma mesma forma de comunicação, possibilitando assim ações de solidariedade e intercâmbio cultural. Quando acabamos a leitura do romance, eis que surge uma bela surpresa, textos informativos de personalidades importantes como:

- Jacyra Sant Anna – Angola, onde o Brasil aprendeu a gingar;
- Francisco C. Weffort – Cultura brasileira mestiça, literatura e samba;
- Martinho José Ferreira – Cabo Verde;
- Martinho José Ferreira – Guiné-Bissau;
- Mia Couto – Retrato de uma nação sem retrato (Moçambique);
- Manuel Rui Monteiro – Portugal;
- Albertino Bragança – O mar de São Tomé e Príncipe;
- Martinho José Ferreira – Viva Timor.

A obrigatoriedade de estudo da cultura negra e de história da África em nossas escolas, gerada pela Lei 10639/03, encontrou grande respaldo na obra de Martinho. Seja nos discos ou DVDs, seja na vasta literatura do autor.

A produção literária cresce, ganhando um espaço importante na vida do poeta.

Sua produção musical traz em 2001 um **Martinho da Vila, da Roça, da Cidade** onde destaca a importância de suas raízes, mostrando o forró, o gosto de dançar calango, cantar na folia, pular fogueira e fazer amor em noites de lua cheia. Homenageia as baianas na figura de Dona Ivone Lara, bem como a festa de caboclo e a comida de Filó, grande baiana quituteira de Vila Isabel.

A letra de *Dona Ivone Lara* merece destaque neste espaço:

Ivone Lara, Ivone Lara
Ivone Lara é fruta rara
É fruta rara, é fruta rara
É fruta rara Ivone Lara

Tem sentimento profundo esta compositora
Pessoa tão bela
Vou conclamar todo mundo
A dizer o nome dela

Ivone Lara, Ivone Lara...

É uma dama do samba e o seu coração
É o Império Serrano
Tem elegância nos passos
O Seu samba é soberano

Ivone Lara, Ivone Lara...

Tocando o seu cavaquinho
Emana um astral maravilhoso
E até sem acompanhamento
Ela canta bonito e samba gostoso

Ivone Lara, Ivone Lara...

Dona Ivone Lara é uma estrela
Que brilha no meu firmamento

Ivone Lara, Ivone Lara...

Viajando pelo mundo
É sempre aplaudida com merecimento

É fruta rara, é fruta rara
Essa Dona Ivone Lara

Em 2002 faz **Voz e Coração** onde revela toda a suavidade de sua voz e se consagra como intérprete. Não apresenta nenhuma música de sua autoria. Presta homenagens a João Nogueira e Antonio Carlos Jobim, sem esquecer dos pioneiros João da Baiana e Ismael Silva, além de cantar o consagrado *Chuá Chuá*, de Pedro de Sá Pereira e AryPavão, ao som do violão de João de Aquino.

Conexões de 2003 traz o disco de Martinho cantado em português e francês. Nele encontramos o grande sucesso *Mulheres*, de Toninho Geraes, com o título *Femmes*, cantada numa versão de Martinho, bem como os demais sucessos *Devagar, devagarinho*, *Disritmia*, *Ex-amor*, *Chora Carolina*, *Pra tudo se acabar na quarta-feira*, *O pequeno burguês* e *Canta, canta minha gente*, entrando em francês no mercado internacional.

As gravações de 2004 (**Conexões ao Vivo**) a 2007 (**Martinho da Vila, do Brasil, do Mundo**) mostram um Martinho embalado pela difusão de nossa música no exterior, buscando levar diferentes manifestações negras brasileiras com muita força, alegria e variados ritmos.

O CD **Brasilatinidade** de 2005 foi feito após Martinho ver o filme **Línguas**, em que participou com Mia Couto, João Ubaldo Ribeiro e José Saramago. A partir daí teve a ideia de fazer um disco com músicas da Itália, Espanha, Portugal, Brasil, França e Romênia, países que se expressam em idiomas de origem latina. Determinado, esteve em Lisboa, Madri e Paris, gravando com Kátia Guerreiro *Dar e receber*, cantando com Rosário Flores *Uma casa nos ares* (*La casa en el aire*) e gravando com Nana Mouskouri *Um dia tu verás* (*Um jour tu verras*). A italiana Mafalda Minnozzi veio gravar com Martinho no Estúdio MZA *Um beijo, adeus* (*Primma dammi un bacio*). Muita pesquisa foi feita sobre música popular da Romênia, até Martinho entrar no clima musical romeno e poder criar *Dentre centenas de mastros*, com a ajuda do poeta Luciano Maia que traduziu e adaptou um poema do romeno Mihai Eminescu.

Destacamos no disco o *Quando essa onda passar*, onde encontramos toda a tradição cultural negro-africana do Rio de Janeiro, onde

Martinho faz uma imagem turística de nossos morros, mostrando seu amor pela nossa comunidade negra:

Quando essa onda passar
Vou te levar nas favelas
Para que vejas do alto
Como a cidade é bela
Vamos à Boca do Mato
Meu saudoso Pretos Forros
Quando essa onda passar
Vou te levar bem nos morros
Não sei onde vamos primeiro
Formiga, Borel ou Salgueiro
Quando essa onda passar
Sei que vou lá na Mangueira
Pegar o Mané do Cavaco
E levar pra uma roda de samba
No meu Morro dos Macacos
Quando essa onda passar
É bem zuelar nas umbandas lá do Vidigal
Candomblés no Turano
Um fanque, um forró, um calango
No Andaraí, Tuiuti ou Rocinha
Ver os fogos de fim de ano
Da porta de uma tendinha
E depois vamos dançar um jongo
Num terreiro da Serrinha

Sob a luz do candeeiro, feito em parceria com Nelson Cebola, relaciona seu prazer de cantar pagode e de estar nas comunidades do samba, sob a luz do candeeiro, no Rio de Janeiro, num boteco cantando pagode, tomando chopinho e comendo aipim e carne seca com gente interessante.

Neste **Brasilatinidade** Martinho situa seus medos na vida, mas afirma que quem está com Deus não tem medo. Traz neste disco a bela parceria com João Donato no comentado *Suco de Maracujá*. Martinho canta com artistas de outras nacionalidades, em português, espanhol e francês, criando até uma bela *Roda de samba no céu*, onde exalta intérpretes e autores de nosso país:

Esta noite eu sonhei com uma roda de samba no céu
Com Pixinguinha, Donga, Almirante, Sinhô, Ismael
Noel Rosa versava
Wilson Batista respondia
Batucando num prato
João da Baiana sorria
Geraldo Pereira sambava
Marilia Batista cantava
Araci de Almeida gingava

E Tia Ciata gostava
Era um samba de roda meio maxixado
Muito ritmado
Que Ataulfo Alves dizia ser um samba rasgado
Se achegaram Vinicius, Heitor dos Prazeres, Padeirinho
E Cartola tocando a viola do Nelson Cavaquinho

Martinho manteve sua preocupação com a família e com a juventude negra. Em 2007 edita pela ZFM *Vermelho 17*, livro dedicado aos afilhados, sobrinhos, netos e filhos, particularmente ao filho pré-adolescente Preto Ferreira. Martinho resgata memórias de sua infância e adolescência, usando todo o seu poder de observação e sua experiência de vida para tratar dos muitos problemas e histórias que povoam o universo dos adolescentes. Utilizando toda a sua sabedoria, com muita leveza e sensibilidade navega pelo campo do sentimento profundo, falando de amor em diferentes níveis: na família, com os amigos, no namoro, na proposta de vida.

Em 2009, usando a ZFM Editora, surge o romance *A serra do rola moça*.

O livro fala de amor, esperança, reconstrução interior. Não se trata do meloso "felizes para sempre", mas da capacidade de se recomeçar a vida, na busca incessante pela felicidade. A história se passa em Minas Gerais, e Martinho, com grande propriedade, conta a paixão adolescente de Clara dos Anjos pelo primo, um músico, o Maestro Peri. Esta paixão se revela um grande amor, que superou diferenças culturais, mas que, com o passar do tempo, vai perdendo a cor e a vitalidade, tornando-se uma história penosa e triste. No entanto, quanto tudo parece cinzento e perdido, eis que surgem novos amores, trazendo novas vidas. A partir deste ponto, aparecem amores improváveis, reviravoltas surpreendentes que superam dúvidas e problemas da sociedade. Martinho leva a sua leveza para o livro, que não é sobre o conhecido poema de Mário de Andrade *A serra do rola moça*. Martinho apenas pediu emprestado o nome para construir uma outra história, usando o seu talento e inspiração para criar seus personagens e suas ações. Como não poderia deixar de ser, seu romance é pleno de citações musicais e a capa é do amigo sempre presente Elifas Andreato.

Martinho mostra o reino do carnaval, em toda a sua plenitude, sendo fábrica de sonhos, de encantamento e vida, pleno de descontração. *A rainha da bateria*, livro infanto-juvenil, é um verdadeiro convite para a descoberta do Reino da Folia. Um intenso e profundo mergulho em nosso carnaval.

Apesar dos 15 livros publicados (até 2017), Martinho da Vila não se considera um escritor. A literatura veio por acaso. E é ele que afirma:"Um escritor só se torna conhecido quando escreve um best-seller, e isso ainda não aconteceu."

Em 2010 temos o CD **Poeta da Cidade** que traz Martinho cantando Noel Rosa, dando prosseguimento às homenagens feitas ao poeta em seu centenário. São catorze grande canções interpretadas por Martinho, com algumas participações que se destacam, como Ana Costa, Analimar, Maíra e Mart'nália. Destacamos *Filosofia*, que abre o CD, de Noel Rosa e André Filho, e a gravação dos incríveis *Fita amarela*, *Os três apitos*, *Último desejo* e *O X do problema*, que contam com primorosa adaptação de Martinho e os arranjos de seus maestros Mauricio Carrilho e Rildo Hora.

Ainda em 2010, nosso artista surge no DVD-filme documentário, **Filosofia de vida – o pequeno Burguês**, em que fala de sua maneira de ver o mundo e de suas composições preferidas.

Uma das coisas mais incríveis que surgiram no Shopping Iguatemi (em Vila Isabel) se chamou "Botequim do Martinho". Lá se encontravam sambistas, filhos de sambistas e amantes do samba. Os filhos de Martinho faziam a alegria do espaço junto com o pai.

O CD e DVD **Lambendo a Cria** de 2011 mostra bem o entrosamento, a musicalidade e o carinho de Martinho com seus filhos.

Vivi uma grata experiência em 2000, terminando um semestre da Universidade Gama Filho, com meus alunos dos cursos de Pós-graduação em Direito e Psicologia no Butiquim do Martinho, que funcionou de 1996 a 2006. Foi muito bom e inesquecível. Nós confraternizamos lá, lidando com a construção de identidade de um grupo de Juízes, Promotores, Defensores Públicos e Psicólogos, vivendo com eles um encerramento de curso de Mestrado, um negócio assim bem careta e bem formal dentro da Universidade Gama Filho, no Botequim. Fizemos uma farra danada, ficamos horas lá no botequim farreando, batendo papo, cantando e comendo coisinhas gostosas, dentro daquele espírito de conversa de botequim e curtindo a cultura do povo negro brasileiro.

Hoje o Botequim não funciona mais, já que a concepção de "Butiquim" não se conjugava com as propostas do Shopping Iguatemi. Tristeza para ele, para nós e grande perda para a cultura brasileira.

> Dentro da minha proposta de apresentação da cultura brasileira, o botequim para mim é o ponto de encontro do povo brasileiro, então é um lugar onde eu marco encontro dos meus amigos e toda essa realidade brasileira surge numa boa! O que foi o Butiquim do Martinho?
>
> Aquilo ali não foi um simples empreendimento comercial, ele tinha a ver comigo, com a história do Rio, com a cultura das tradições, do samba... e quando alguém entrava no botequim tinha a impressão de que não estava dentro do shopping, já que tudo lá tem cara de shopping, até cinema de shopping tem cara de shopping, e Butiquim do Martinho não. Por isso é que era muito legal.

Em 2013 surge o **Sambabook** de Martinho e, em 2014, uma nova homenagem aos sambas de enredo, verdadeiros hinos das escolas de samba, que, segundo a tradição africana, são brasões orais que caracterizam um determinado território. Neste **Enredo**, sempre com capa de Elifas Andreato, Martinho regrava todos os seus sambas de enredo. Nele encontramos verdadeiros clássicos como *Onde o Brasil aprendeu a liberdade*, *Sonho de um sonho*, *Pra tudo se acabar na quarta-feira*, *Tribo dos carajás* e *Quatro séculos de modas e costumes*, além de outros sucessos. Esse disco conta com a participação dos filhos Mart'nália, Analimar, Martinho Filho, Maíra Freitas, Juliana Ferreira e Tunico da Vila. Duas outras presenças se destacam: Alcione e Beth Carvalho que acompanham Martinho nesta empreitada musical.

Ainda em 2013 lança pelo seu Grupo Empresarial ZFM o livro *O nascimento do samba*, destinado ao público infanto-juvenil, onde situa o Brasil como o único país americano que fala o português, sendo o que mais recebeu influência da cultura africana. Martinho utilizou ilustrações de um de nossos exitosos cartunistas negros, o sociólogo Ykenga, nascido na Rocinha com o nome de Bonifácio Rodrigues de Mattos, para mostrar reuniões da família protagonista da história, além das imagens de manifestações de rancho, do semba de Angola, de diversos estilos do samba de todo o país, além de apresentar as caricaturas dos grandes sambistas brasileiros.

Em 2014, também pela ZFM, edita outro livro para jovens e adultos jovens sobre escola de samba, intitulado *Sambas e enredos*, num tributo ao universo do carnaval, situando os sambas-enredos como os hinos das escolas. Relaciona o Hino Nacional com as homenagens musicais prestadas ao país, passando pela Aquarela do Brasil até os sambas de enredo e as histórias que contam. Fala da disputa dos sambas nas quadras e de como poesia e musicalidade se multiplicam por conta da ala dos compositores e da aprovação das cabrochas, dos carnavalescos, dos passistas, enfim, das torcidas da comunidade do samba. Comenta alguns enredos da Vila Isabel e a modificação da estrutura dos sambas de enredo em função da emoção e da poesia que precisam ter. Leitura absolutamente necessária para todos os que amam o samba. Ykenga ilustra também esta publicação.

O **De bem com a vida**, de 2016, contou com a produção de André Midani e foi pensado com o objetivo de ser voz, violão e cavaquinho, como se fosse um roda de samba bem simples. A ideia evoluiu a partir da proposta de André Midani, que colocava artistas para fazerem coisas que nunca tinham feito. Martinho assistiu ao show de Alcione, na Cidade das Artes no Rio de Janeiro, onde ela interpretou clássicos da língua francesa e tocou pistão com produção do Midani. Martinho, entusiasmado com a ideia, ligou para ele que, apesar de estar afastado de estúdio há algum tempo, aceitou, aos

84 anos, participar do disco, com a assistência de Preto Ferreira. O resultado ficou intimista e muito verdadeiro, tendo a direção de voz do Maestro Leonardo Bruno, teclados de João Donato, violino de Jorge Mautner, violão de Gabriel de Aquino, filho de João de Aquino, cavaquinho e bandolim de Alaan Monteiro e percussão de Gabriel Policarpo.

André Midani ficou muito grato por sua participação, declarando no encarte do disco, sempre criação de Elifas Andreato:

> Martinho já tinha o disco pronto na cabeça e na alma, as canções selecionadas, os arranjos desenhados. Dali em diante, ao escutar as demos, ele me transportou de maravilhosas melodias para maravilhosos poemas [...]
>
> Falar de Martinho, de sua delicadeza, de sua firmeza, de sua dedicação, de sua voz, de seu imenso talento, de sua importância nesta altura do campeonato... não é preciso falar, todos sabemos!

O disco deu muita alegria e realização ao autor, que declara como fizeram tudo de improviso. Sua primeira faixa, parceria com Geraldinho Carneiro, é um diálogo entre o violão e o cavaquinho, que se efetiva em todas as músicas.

Escuta, cavaquinho
Escuta cavaquinho, as minhas preces
Senão o tempo passa e a gente esquece
Esquece de aprontar a fantasia
De celebrar a dor e a alegria
Toca pra que um sonho realize
Ou pelo menos guarde um press-release
Pra que no futuro possam ler
Que somos seres que se amam tanto
E que misturaram alegria e pranto
Eu, violão, você, cavaquinho
Eu na canção, você no chorinho
Sem acordar se era noite ou se era dia
Felicidade?
Uma utopia
Que a gente curtia e vivia no presente
Desse país que é todo eternidade

Com esse sol desfilando em carro aberto
E o futuro, muito incerto mas já cheio de saudade.

    Neste CD Martinho consagra nossa ancestralidade africana, situando nossos laços com o velho continente africano. Na faixa 7 (*Do Além*) fala de nossos ancestrais de Angola, Uganda, Nigéria, Cabo Verde, Benim, Argélia, que nos mostram nossas raízes, seja no ritmo, seja no canto, na comida, no samba. Já na faixa 8, em *Daqui, de lá e de acolá*, feita em parceria com Francis e Olivia Hime, situa nossa estreita ligação com Angola, como se pode observar:

Somos daqui e dacolá
Do sambear e do sembar
Brasil, Angola, la, la, la, la, la
Com muita ginga no falar
O mesmo jeito de cantar
Rio-Luanda la, la, la, la, la
Meu coração banzeou
Tive que voltar
Kalunga II retornou
Pra rememorar
Somos daqui...
Bom é dançar zouk, quizomba
Eo kuduro que cingiu
Soltar os corpos nos forrós
Ouvir as bossas do Brasil
Partido-alto, frevo, samba
Na emoção de nossa voz

    A faixa 12 do disco, que contou com a participação do Criolo, é a música que dá título ao trabalho e que demonstra toda a maneira de ser, sentir e pensar de Martinho José Ferreira:

De bem com a vida
Cantar é bom, dançar é bom
Viver é bom com emoção
Ai... tristeza não
Ah! Tristeza não
Eu confesso que sofri

Quando o meu time não foi campeão
Minha escola também não ganhou, mas como diz a sabedoria popular "um bom cabrito não berra"
Se um sonho dançou (sabe o que eu faço?)
Eu boto fones nos ouvidos e curto um som
Certamente, outras vitórias virão
O importante é torcer
É manter viva a esperança
Estou...Tô de bem com a vida
Estou...Tô de bem com a vida
Eu tô de bem com a vida

7.1 Reflexos da obra

Transando em Nova Iorque
No Harlem o som do gospel
Astral do Apolo Theatre
Espirituais espíritos
Na igreja Baptista
Como no Rio, Umbanda
Candomblé, Bahia
Na Forty-Six os patrícios
Na St. Patrick uma oração
Tão diferente da Bonfim
A catedral do povo
Lembro a igreja do Bonfim
A catedral do povo
Na Broadway strip-tease
No Village um som do jazz
Provando que acima dos erros humanos
Em torno de um velho piano
O blues aproxima os fiéis
Tem Madison Square, Radio City
Senzala e Carnegie Hall
A Washington Square é uma praça maluca
Youngs com todo na cuca
Silêncio no Parque Central

No SOB's rola um som brasileiro
Parece que é carnaval

Nos Estados Unidos, pela primeira vez Martinho viu negros em capas de revista e com imagem em anúncios luminosos. Constata que na América do Norte o negro competente tem chances de subir na vida e galgar altos postos, haja visto a Condoleezza Rice, que além de negra é mulher, e o Barack Obama, filho de africano que chegou à presidência. No entanto, para ser respeitado tem que demonstrar que é poderoso. Já no Brasil, o negro tem de estar sempre na defesa e é muito difícil chegar à classe dominante.

Depois de suas andanças por diversos países de todos os continentes, ele chegou à conclusão de que o melhor lugar para o afrodescendente viver tranquilo como qualquer cidadão é em Portugal. Não se muda para lá porque tem consciência de que aqui não é um cidadão comum e que a sua bandeira é a do Brasil.

Martinho também é fiel à sua escola Vila Isabel, assim como à sua latinidade e africanidade. Para ele, a sua ancestralidade tem um grande valor, já que passou para nós a preocupação e o respeito por todos os países africanos, em particular os de expressão portuguesa, principalmente Angola onde é tão conhecido quanto a bandeira do Brasil.

Sabe, também, o que significa a bandeira da sua escola, que antes era como os estandartes dos ranchos, que marcavam presença. Criado pelas baianas que moravam na Pedra do Sal, o estandarte – substituto dos ancestrais –, signo de comando, representa a defesa de uma cultura oriunda de um passado, dos rituais de fertilidade que garantiam a continuação da vida. A valorização de nossa ancestralidade africana está presente em toda a obra de Martinho.

Sua família, sua escola de samba e o Vasco da Gama, são as grandes paixões do Zé Ferreira, o Da Vila, o Devagar, que devagarzinho se transformou na grande paixão do povo brasileiro.

E o reconhecimento merecido sempre chegou. Em 2014, aos 76 anos de idade, Martinho, negro, filho de lavradores, ocupou a cadeira número 6, do patrono Evaristo da Veiga, na Academia Carioca de Letras, na época presidida por Ricardo Cravo Albin. Martinho da Vila, que sucede ao acadêmico Fernando Segismundo, recebeu o reconhecimento da entidade fluminense por seu trabalho literário.

Martinho em seu discurso de posse, ao ocupar a cadeira número 6, do patrono Evaristo da Veiga, na Academia Carioca de Letras.

A cerimônia ocorreu na Sala Pedro Calmon, na sede do Instituto Histórico e Geográfico Brasileiro (IHGB), na Glória, Rio de Janeiro, conforme ilustra a foto de Cristina Granato.

Em 2015 foi homenageado pela Universidade Zumbi dos Palmares, em São Paulo, fazendo o lançamento do livro *Barras, vilas & amores*, em que situa pessoas ilustres de Duas Barras e de Vila Isabel. Dedica esse trabalho às famílias bibarrenses, trazendo toda a singeleza e poesia do interior do Estado do Rio. Suas narrativas são relatos pertencentes às suas vivências e querências. Seus personagens surgem do cotidiano, seja no interior, seja na sua Vila Isabel, onde destaca as andanças de Noel Rosa e a poesia do lugar. Como hábil contador de histórias que é, Martinho cria uma história saborosa, plena de emoções, rica em detalhes, usando como pano de fundo personagens e canções que ilustram as diferentes épocas da narrativa e nos levam ao devaneio. Corrobora assim seu título de acadêmico carioca, valorizando e retratando o seu Rio de Janeiro.

Em 2017 lança *Conversas cariocas*, fechando o ciclo de reflexões sobre o Estado em que nasceu e que o viu crescer e florescer.

Nesse ano seu nome foi aceito como **Doutor Honoris Causa** da Universidade Federal do Rio de Janeiro, tendo ministrado com enorme sucesso a aula magna do primeiro semestre do Instituto de Filosofia e Ciências Sociais (IFCS/UFRJ) em março de 2017.

Martinho fez um resumo de sua trajetória que mostra de forma objetiva o que fez e conquistou em quase meio século de carreira, que nos emociona e inspira.

Meu nome completo é Martinho José Ferreira, filho de Josué Ferreira e Tereza de Jesus Ferreira, nascido em 12 de fevereiro de 1938 em Duas Barras-RJ. Com várias titularidades de *cidadania* (Bahia, Espírito Santo, São Paulo e Minas Gerais) e citadinos (Jaboatão dos Guararapes, Santa Maria Madalena e São Borja), tenho também os títulos de Cidadão Carioca e de Benemérito do Estado do Rio de Janeiro.

Fui proprietário, em Duas Barras, da fazendinha Cedro Grande, meu bem mais precioso. Doei este imóvel rural para ser criado um instituto cultural, o **ICMV**, e a casa onde nasci hoje é a sede.

O instituto é mantido por meus próprios recursos, é presidido pela minha mulher, *Cléo Ferreira*, administrado pelo professor *Edson Felipe* e tem como objetivo a *inclusão social*, o *apoio à cultura popular regional* e a preservação do *meu acervo cultural*.

Em reconhecimento pela divulgação de Duas Barras, foi criada a **Sala Martinho da Vila**, na Secretaria de Cultura, e erguida uma *estátua de bronze no mirante Vale Encantado*, que fica na entrada da cidade para a qual criei a música *Meu Off Rio*.

Em artes sou conhecido como Martinho da Vila, compositor e escritor. Autor de 14 obras, o meu primeiro livro foi feito atendendo a uma encomenda da Editora Global, de São Paulo, o *Vamos brincar de política?*, para adolescentes, publicado em 1986; e *Barras, vilas & amores* (2015) foi publicado pela editora do SESI.

O mais recente é *Conversas cariocas*, lançado pela Editora Malê, do Rio de Janeiro, em 2017.

Meu contato inicial com a literatura foi graças à Escola de Samba Aprendizes de Boca do Mato, em 1957, quando a Diretoria da extinta agremiação carnavalesca decidiu fazer um desfile em homenagem aos 50 anos da morte do Machado de Assis e eu fui encarregado de fazer a pesquisa sobre a vida do escritor e criar o samba-enredo:

Um grande escritor do meu país
Está sendo homenageado
Joaquim Maria Machado de Assis
Romancista consagrado
Nascido em 1839

Lá no morro do Livramento
A sua lembrança nos comove
Seu nome jamais cairá no esquecimento
Lara...
Já faz tantos anos faleceu
O filho de uma humilde lavadeira
Que no cenário das letras escreveu
O nome da literatura brasileira
De Dom Casmurro foi autor
Da Academia de Letras
Foi sócio fundador
Depois alcançou a presidência
Tendo demonstrado
Grande competência
Ele foi o literato-mor
Suas obras lhe deram
Reputação
Quincas Borba, Esaú e Jacó
A Mão e a Luva
A Ressurreição
Ele tinha
Inspiração absoluta
Escrevia com singeleza e graça
Foi sempre uma figura impoluta
De caráter sem jaça

No início dos anos 1990, a escritora Beatrice Tanaka procurou-me para ajudá-la no projeto de um livro para crianças francesas baseado em um enredo de escola de samba, e o escolhido foi "Chico Rei". Eu informei-lhe que a história não tinha provas documentais, portanto, pode ser vista como lenda. A pedido dela colaborei na construção da história e o livro foi lançado na França com o tiítulo *La légende de Chico Rei*. No encarte do livro tem uma fita cassete. Em uma posterior edição, o cassete foi substituído por um CD com a história cantada por mim. A letra é de Geraldo Babão, Djalma Sabiá e Binha:

Vivia no litoral africano
Uma régia tribo ordeira cujo rei era símbolo
De uma terra laboriosa e hospitaleira

Um dia, essa tranquilidade sucumbiu
Quando os portugueses invadiram
Capturando homens
Para fazê-los escravos no Brasil
Na viagem agonizante
Houve gritos alucinantes
lamentos de dor
Ô, ô, ô adeus, Baobá, ô, ô, ô
Ô, ô, ô adeus, meu Bengo, eu já vou

Ao longe, Minas jamais ouvia
Quando o rei mais confiante
Jurou à sua gente que um dia os libertaria
Chegando ao Rio de Janeiro
No mercado de escravos
Um rico fidalgo os comprou
E para Vila Rica os levou
A idéia do rei foi genial
Esconder o pó de ouro entre os cabelos
Assim fez seu pessoal
Todas as noites quando das minas regressavam
Iam à igreja e suas cabeças banhavam
Era o ouro depositado na pia
E guardado em outro lugar com garantia
Até completar a importância
Para comprar suas alforrias
Foram libertos cada um por sua vez
E assim foi que o rei
Sob o sol da liberdade trabalhou
E um pouco de terra ele comprou
Descobrindo ouro enriqueceu
Escolheu o nome de Francisco
E ao catolicismo se converteu
No ponto mais alto da cidade, Chico Rei
Com seu espírito de luz
Mandou construir uma igreja
E a denominou
Santa Efigênia do Alto da Cruz

Sou autor de vários sambas-enredo e de vários temas-enredo para o G. R. E. S. Unidos de Vila Isabel. Sou parceiro do carnavalesco Alexandre Louzada na criação do enredo *Soy loco por ti América: a Vila canta a latinidade*, campeão de 2006, assim como, com a carnavalesca Rosa Magalhães, do *A Vila canta o Brasil celeiro do mundo: água no feijão que chegou mais um*, vitorioso em 2013.

No ano do Centenário da Abolição da Escravatura, 1988, idealizei, supervisionei e planejei toda a estrutura do desfile com o enredo *Kizomba, a festa da raça*, com o qual a Vila ganhou seu primeiro campeonato com o samba de Luis Carlos, Jonas e Rodolfo:

Valeu Zumbi
O grito forte dos Palmares
Que correu terras, céus e mares
Influenciando a Abolição

Zumbi valeu
Hoje a Vila é Kizomba
É batuque, canto e dança
Jongo e Maracatu

Vem, menininha, pra dançar o Caxambu

Ô ô nega mina
Anastácia não se deixou escravizar
Ô ô Clementina
O pagode é o partido popular

Sacerdote ergue a taça
Convocando toda a massa
Nesse evento que congraça
Gente de todas as raças
Numa mesma emoção
Esta Kizomba é nossa constituição
Que magia
Reza ageum e Orixá
Tem a força da Cultura
Tem a arte e a bravura

E um bom jogo de cintura
Faz valer seus ideais
E a beleza pura dos seus rituais

Vem a Lua de Luanda
Para iluminar a rua
Nossa sede é nossa sede
De que o Apartheid se destrua

Em 1992, escrevi o livro *Kizombas, andanças e festanças* relatando os acontecimentos de 1988, lançado pela Léo Christiano Editorial e reeditado pela editora Record.

Iniciei como romancista com *Joana e Joanes – um romance fluminense* (ZFM Editora), reeditado em Portugal pela Editora Eurobrap e na França pela Divine Éditions.

Minha produção literária é diversificada:

Infantis:
- A rosa vermelha e o cravo branco
- A rainha da bateria
- O nascimento do samba

Infanto-juvenis:
- Vamos brincar de política?
- Vermelho 17
- Sambas e enredos

Biografias:
- Kizombas, andanças e festanças
- Memórias póstumas de Teresa de Jesus

Romances:
- Joana e Joanes, um romance fluminense
- Os lusófonos
- A serra do rola-moça

Ensaios:
- Ópera negra
- Fantasias, crenças e crendices
- Barras, vilas & amores

Crônicas:
- Conversas cariocas

Fui o escritor convidado especial do evento literário FLINK SAMPA 2015, no Memorial da América Latina, e fui o homenageado pela Universidade Zumbi dos Palmares com o Troféu Raça Negra em evento organizado pela AFROBRAS na Sala São Paulo.

Atuando na imprensa escrita, fui cronista semanal do Jornal O Dia durante dois anos e escrevi artigos para revistas e jornais, dentre os quais O Globo, Folha de São Paulo, O Estadão, Jornal de Letras e Revista da ACL.

Antes de abraçar a vida artística, fui sargento burocrata do Exército, formado em contabilidade na Escola de Instrução Especializada e na DGEC (Diretoria Geral de Engenharia e Comunicações), onde exerci a função de escrevente-contador.

Como civil a minha profissão é Auxiliar de Químico Industrial, curso intensivo no SENAI (Serviço Nacional de Aprendizagem Industrial).

Além de cantor, sou produtor de discos e diretor de espetáculos musicais.

Produzi o evento intitulado **O Canto Livre de Angola** que, em 1982, trouxe a primeira delegação de artistas africanos ao Brasil. Dois anos depois liderei o **Grupo Kizomba** que realizou o Primeiro Encontro Internacional de Arte Negra em nosso país, realizado no Pavilhão de São Cristóvão, com participação de delegações de Angola, Moçambique, África do Sul, Senegal, Cabo Verde, Cuba e Estados Unidos. O segundo foi na Concha Acústica da UERJ.

Outra realização marcante do Grupo Kizomba foi a mensagem de fim de ano da TV Globo de 1987-88, dirigida pelo Milton Gonçalves, com supervisão do Daniel Filho. Colocamos centenas de caras negras na tela em substituição ao elenco habitual, mandando mensagens de "Axé pra todo mundo, axé" e soltando as vozes na música em ritmo de jongo que criei:

Axé! Axé!
Axé pra todo mundo, axé!
Muito axé, muito axé!
Muito axé pra todo mundo, axé!

Sou produtor, idealizador e apresentador do projeto **Concerto Negro**, criado em parceria com o maestro Leonardo Bruno que, usando orquestra sinfônica, deu tratamento erudito às modinhas do folclore e músicas sacras brasileiras, além de incluir sambas-enredos e colagens de músicas minhas, porém com a Abertura em Ré, do caboclo

Alberto Nepomuceno, e destaque para o Padre José Maurício. Foi apresentado inicialmente no Palácio das Artes, em Belo Horizonte, em seguida na igreja de Nossa Senhora do Rosário em Diamantina – Minas Gerais, também na Sala Cecília Meireles e no Teatro Municipal do Rio de Janeiro.

Fui honrado com o título honorário de Embaixador Cultural de Angola e oficialmente sou Embaixador da Boa Vontade da CPLP (Comunidade de Países de Língua Portuguesa).

Acadêmico titular da ACL (Academia Carioca de Letras), sou membro do PEN CLUB Internacional e da Divine Academie Française de Arts, Letres e Culture.

Recebi as seguintes Comendas e Medalhas:
- Ordem do Barão do Rio Branco (Comendador da República no Grau de Oficial)
- Ordem do Mérito Cultural (do Ministério da Cultura do Brasil)
- Grande Medalha da Inconfidência e Medalha Presidente Juscelino Kubitschek (do Governo do Estado de Minas Gerais)
- Cruz do Mérito do Empreendedor Juscelino Kubitschek

Fiz o Curso de Relações Internacionais, presencialmente, na Universidade Estácio de Sá, Campus Tom Jobim, Barra da Tijuca.
Fui Patrono da primeira turma de formandos em Letras da Faculdade Estácio de Sá, campus São João de Meriti, em 2005.
Participei de vários movimentos em prol da abertura política e, com Tancredo Neves e Ulisses Guimarães, fizemos o primeiro grande comício das "Diretas Já" em Curitiba e seguimos para uma passeata pelas eleições livres em Porto Alegre.
Quando o movimento ganhou força nas grandes capitais, eu fui escalado para os comícios na Região Norte do país.
Antes do movimento eclodir, eu escrevi, em parceria com Rildo Hora, a música *Meu país* e gravei sorrindo:
Meu país
é tropical
Diz-se que plantando tudo aqui dá
E impera o carnaval
Futebol
É a maior diversão
O ano inteiro muito sol

Pra pegar uma cor
Violão
Viola no calango
Sanfona no xaxado
Cuíca no meu samba
Zabumba no baião
E cachaça na batida
Motel pra transação
E feitiço na macumba
Um amor...
Favelas, palafitas
Mocambos e musseques
E cabeças de porco
Cortiços e vielas
Assaltos, contrabandos
O jogo nas esquinas
E o papo tão furado
Que bom
E pra melhorar
Falta só mesmo é votar pra presidente
Sem participar
Não vou ficar sempre assim
Tão sorridente

Considero-me essencialmente compositor. Virei cantor, artista. Quase tudo o que eu tenho e muito do que sou devo ao meu labor e ao povo brasileiro. A classe dominante muito me apoiou, mas aos humildes eu devo mais. Agradecido eu escrevo e canto pensando neles.

Creio que a minha missão é, com alegria, mandar mensagens conscientizadoras e de esperança em um Brasil melhor, mais justo e igualitário.

Há quase 50 anos, quando gravei o meu primeiro LP, em 1969, o nosso país era menos miscigenado e eu preconizei um *Brasil mulato*, sem preconceitos, com tolerância religiosa, induzindo ao estudo escolar:

Pretinha, procure um branco
Porque é hora de completa integração
Branquinha, namore um preto
Faça com ele a sua miscigenação

Neguinho, vá pra escola
Ame esta terra
Esqueça a guerra
E abrace o samba
Que será lindo o meu Brasil de amanhã
Mulato forte, pulso firme e mente sã
Quero ver madame na escola de samba sambando
Quero ver fraternidade
Todo mundo se ajudando
Não quero ninguém parado
Todo mundo trabalhando
Que ninguém vá a macumba fazer feitiçaria
Vá rezando minha gente a oração de todo dia
Mentalidade vai mudar de fato
O meu Brasil então será mulato

  No mesmo álbum falei de faculdade em *O pequeno burguês*, uma criação baseada na vida real. No clássico eu expresso o a felicidade de se passar em um vestibular mas lamento as dificuldades da formação universitária para os menos favorecidos:

Felicidade, passei no vestibular
Mas a faculdade é particular
Particular, ela é particular
Particular, ela é particular

Livros tão caros tantas taxas pra pagar
Meu dinheiro muito raro, Alguém teve que emprestar
O meu dinheiro, alguém teve que emprestar
O meu dinheiro, alguém teve que emprestar

Morei no subúrbio, andei de trem atrasado
Do trabalho ia pra aula, sem
Jantar e bem cansado
Mas lá em casa à meia-noite tinha
Sempre a me esperar
Um punhado de problemas e criança pra criar
Para criar, só criança pra criar
Para criar, só criança pra criar

Mas felizmente eu consegui me formar
Mas da minha formatura, não cheguei participar
Faltou dinheiro pra beca e também pro meu anel
Nem o diretor careca entregou o meu papel
O meu papel, meu canudo de papel
O meu papel, meu canudo de papel

E depois de muitos anos,
Só decepções, desenganos
Dizem que sou um burguês muito privilegiado
Mas burgueses são vocês
Eu não passo de um pobre-coitado
Mas quem quiser ser como eu,
Vai ter é que penar um bocado
Um bom bocado, vai penar um bom bocado.

Ainda no mesmo disco, cantando eu mando uma mensagem positiva para uma futura mamãe, afirmando que ela pode sonhar com um Brasil em *Tom maior*:

Está em você
O que o amor gerou
Ele vai nascer, e há de ser sem dor
Ah! Eu hei de ver
Você ninar e ele dormir
Hei de vê-lo andar
Falar, sorrir

Ah! Eu hei de ver
Você ninar e ele dormir
Hei de vê-lo andar
Falar, cantar, sorrir

E então quando ele crescer
Vai ter que ser homem de bem
Vou ensina-lo a viver
Onde ninguém é de ninguém
Vai ter que amar a liberdade

Só vai cantar em Tom Maior
Vai ter a felicidade de
Ver um Brasil melhor

O sonho continua. Para que a nação se desenvolva, a educação e a cultura geral é imprescindível. Mas, para tal, é um dever de todos o engajamento na luta política, porém sem violência. A melhor arma é a palavra em defesa dos objetivos, sem agressões, nem mesmo verbais.

O engajamento mais emocionante da nossa história foi no movimento das "Diretas Já", sobre o qual já me referi. Todo o povo se envolveu. Eu participei desde o primeiro momento, inicialmente por aqui e depois militando em cidades do interior. Fiquei frustrado porque o objetivo não foi atingido, visto que a eleição para a presidência foi indireta. Entretanto, apesar dos pesares, a democracia avançou, embora ainda esteja em estado de transição, com crises institucional e de representatividade. Não me sinto representado porque não há ninguém parecido comigo entre os ministros do Executivo, nem do Supremo Tribunal Federal. Também não há governadores nem prefeitos nas capitais que me sirvam de referência. No Congresso há menos de 10% de pretos/pardos e há carência de políticos confiáveis.

A minha atividade política mais importante foi, com o apoio de D. Evaristo Arns, organizar em São Paulo um grande ato suprapartidário contra o *apartheid* e pela libertação do Nelson Mandela, que conheci no Rio quando ele veio agradecer o ato que coordenei. Mandela foi um estadista desapegado ao poder e um grande pensador. Ele disse:

Ninguém nasce odiando outra pessoa pela cor de sua pele, por sua origem ou ainda por sua religião. Para odiar, as pessoas precisam aprender, e se podem aprender a odiar, elas podem ser ensinadas a amar.

A educação é a arma mais poderosa que você pode usar para mudar o mundo.

Sonho com o dia em que todos levantar-se-ão e compreenderão que foram feitos para viverem como irmãos.

Como Nelson Mandela, eu creio que "uma boa cabeça e um bom coração formam sempre uma combinação formidável."

Passeamos aqui pela estrada trilhada pelo artista, trocando ideias, ouvindo suas vivências, familiares e amigos, além de expressar ideias e contar histórias. Nesse passeio de mãos dadas, lidamos com seus discos e livros, que falam da vida brasileira em todas as suas nuances e que nos permitiram criar um texto baseado em seus títulos, para colocar o ponto final neste trabalho.

Mostrando que **Nem todo crioulo é doido** (1969), o **Martinho da Vila** (1969), nosso **Sargento de Milícias** (1971), com seu **Laiaraiá** (1970), fez **Batuque na cozinha** (1972), homenageando suas **Origens** (1973). Sempre afirmando **Canta, canta, minha gente** (1974), nesta **Maravilha de cenário** (1975), Martinho nunca esqueceu de oferecer uma **Rosa do povo** (1976) de **Presente** (1977) para os amigos na **Tendinha** (1978), onde fazia cantigas de **Terreiro, sala e salão** (1979).

São mais que puros seus **Sentimentos** (1981), expressos em **Sambas de enredo** (1980), calangos, partidos-altos e cantigas românticas, que mostram seu **Verso e reverso** (1982), além de sua capacidade de utilizar **Novas palavras** (1983). Este é o **Martinho da Vila Isabel** (1984), com suas **Criações e recriações** (1985): **Batuqueiro** (1986), com o seu **Coração de malandro** (1987) responsável pela **Kizomba – festa da raça** (1988), que fez o Brasil inteiro aprender **O canto das lavadeiras** (1989). Este é, de verdade, o **Martinho da Vida** (1990) em seu **Templo da criação** (1992), que afirma categórico: **Vai, meu samba vai!** (1993).

Na sua Vila Isabel, Martinho presta homenagens **Ao Rio de janeiro** (1994), sem nunca deixar de viver a vida ao lado da esposa exclamando: **Tá delícia, tá gostoso** (1995). Criou o **Butiquim do Martinho** (1996), onde promoveu muito samba e chorinho, sendo o **Turbinado** (1998), lutando pela **Lusofonia** (2000), mantendo contato com todos os países africanos de expressão portuguesa, sempre consciente de que somos **Coisas de Deus** (1997) e que, quando revisita a África e mostra o que **Angola canta** (1998), louva os ancestrais e demonstra, por ser aquele que curte a família, que é o **Pai da alegria** (1999), sendo o Martinho **Da roça e da cidade** (2001), inteiramente **Voz e coração** (2002), já que é o grande mago das **Conexões** (2004), pleno de **Brasilatinidade** (2005), que se consagra no **Pequeno burguês** (2008) como o nosso grande compositor e cantor, confirmando que é o **Martinho da Vila, do Brasil e do mundo** (2007), que nunca esquece de estar sempre **Lambendo a cria** (2011), sem deixar de ser o **Martinho poeta da cidade** (2010), sempre às voltas com a criação de um **Enredo** (2014) e **De bem com a vida** (2016), sendo sempre o Martinho da Vila um **Filho fiel** que sempre dá um **Alô Vila Isabeeeel!!!**(2018), demonstrando sua alegria de viver aos oitenta anos, como uma verdadeira **Bandeira da Fé** (2018).

BIBLIOGRAFIA

ABREU, Martha. **O Império do Divino**. São Paulo: Nova Fronteira, 2003.

ARAÚJO, Hiram. **Carnaval: seis milênios de história**. Rio de Janeiro: Gryphus, 2003.

AZEVEDO, F. de. **A cultura brasileira: introdução ao estudo da cultura no Brasil**. Tomo terceiro: A transmissão da cultura. 3. ed. São Paulo: Melhoramentos, 1958.

BAKTIN, M. **A cultura popular na idade média e no renascimento**: o contexto de François Rabeais. Trad. Yara Frateschi Vieira. São Paulo: Hucitec, 1987.

CABRAL, Sérgio. **As escolas de samba do Rio de Janeiro**. Rio de Janeiro: Lumiar, 1996.

CANDEIA [Filho, Antônio]; ISNARD [de Araújo]. **Escola de samba: a árvore que esqueceu a raiz**. Rio de Janeiro: Lidador; SEEC, 1978.

COSTA, Haroldo. **Salgueiro, academia do samba**. Rio de Janeiro: Record, 1984.

FARIAS, Julio Cesar. **Para tudo não se acabar na quarta-feira**: a linguagem do samba-enredo. Rio de Janeiro: Litteris, 2002.

LIMA, Lana Lage et al. **História e religião**. Rio de Janeiro: FAPERJ; Mauad, 2002.

LODY, Raul. **Santo também come**. Rio de Janeiro: Pallas, 1998.

LOPES, Nei. **Sambeabá: o samba que não se aprende na escola**. Rio de Janeiro: Casa da Palavra; Folha Seca, 2003.

LUZ, Marco Aurelio. **Agadá**: dinâmica da civilização africano--brasileira. Salvador: UFBA; Secneb, 1995.

MORAES, Eneida de. **A história do carnaval carioca.** Rio de Janeiro: Civilização Brasileira, 1958.

QUERINO, Manuel. **A raça africana**. Rio de Janeiro: Civilização Brasileira, 1955.

ROCHA, Agenor Miranda. **Os candomblés antigos do Rio de Janeiro**: a nação ketu – origens, ritos e crenças. Rio de Janeiro: Topbooks, 1994.

THEODORO, Helena. **Mito e espiritualidade: mulheres negras**. Rio de Janeiro: Pallas, 1996.

THEODORO, Helena. **Oiá, rainha dos ventos**. Rio de Janeiro: Pallas, 2007.

VARGENS, João Baptista; MONTE, Carlos. **A Velha Guarda da Portela**. Rio de Janeiro: Manati, 2004.

VILA, Martinho da. **Memórias póstumas de Teresa de Jesus**. Rio de Janeiro: Ciência Moderna, 2003.

VILA, Martinho da. **Ópera Negra**. São Paulo: Global, 2001.

ANEXO

OBRAS DE MARTINHO E SEUS PARCEIROS[1]

Discos

Aqui estão todos os discos da carreira de Martinho da Vila. Eles incluem músicas compostas por ele, individualmente ou em parceria, e interpretadas por ele mesmo ou por outros cantores; e músicas de outros compositores, cantadas por Martinho.

Os intérpretes diferentes de Martinho, que participaram de alguns discos, estão indicados nas faixas correspondentes.

Lançados inicialmente como LPs de vinil, vários desses discos foram relançados posteriormente em CD.

Década de 1960

Nem todo crioulo é doido: Martinho da Vila e seus convidados
Codil, 1967 (relançado pela Discnews em 1968 e pela Discobertas em 2013)
1. Pra que dinheiro (Martinho da Vila) – Martinho da Vila
2. Deixa serenar (Sidney da Conceição, Castelo) – Martinho da Vila
3. Se eu errei (Tolito) – Martinho da Vila
4. Querer é poder (Picolino, Colombo, Noca) – Martinho da Vila
5. De fevereiro a fevereiro (M. Pereira, J. Galvão) – Mário
6. Só Deus (Walter Rosa, Jorginho) – Anália
7. Ritmo (bateria) – Brasil Ritmo 67

---

[1] Fonte principal: Martinho da Vila (site oficial) <http://martinhodavila.com.br/>.

8. Tristeza de malandro (Zuzuca, Bala) – Zuzuca
9. Nem todo crioulo é doido (Cabana) – Cabana
10. Sou de opinião (Darcy da Mangueira) – Darcy da Mangueira
11. Quem lhe disse (Antonio Grande) – Antonio Grande
12. Sinfona do mosquito (Aurinho da Ilha) – Antonio
13. Berço do samba (Silas de Oliveira, Edgar Cardoso) – Anália

Martinho da Vila
RCA Victor, 1969
1. Boa noite (Martinho da Vila)
2. Carnaval de ilusões (Martinho da Vila, Gemeu)
3. Caramba (Martinho da Vila)
4. Quatro séculos de modas e costumes (Martinho da Vila)
5. O pequeno burguês (Martinho da Vila)
6. Iaiá do cais dourado (Martinho da Vila, Rodolfo)
7. Casa de bamba (Martinho da Vila)
8. Amor, pra que nasceu? (Martinho da Vila)
9. Quem é do mar não enjoa (Martinho da Vila)
10. Brasil mulato (Martinho da Vila)
11. Tom maior (Martinho da Vila)
12. Pra que dinheiro (Martinho da Vila)
13. Parei na sua (Martinho da Vila)
14. Nhem nhem nhem (Martinho da Vila, Cabana)
15. Grande amor (Martinho da Vila)

Década de 1970

Meu laiaraiá
RCA Victor, 1970
1. Meu laiaraiá (Martinho da Vila)
2. Volta pro morro (Martinho da Vila)
3. Plim-plim (Martinho da Vila)
4. Melancolia (Martinho da Vila)
5. Madrugada, carnaval e chuva (Martinho da Vila)
6. Samba do paquera (Martinho da Vila)
7. Samba da cabrocha bamba (Martinho da Vila)
8. Folia de Reis (Martinho da Vila)

9. Samba de irmão (Martinho da Vila, Pádua Correia)
10. Linha do ão (Martinho da Vila)
11. Ninguém conhece ninguém (Martinho da Vila)
12. Vamos viver (Martinho da Vila)

Memórias de um sargento de milícias
RCA Victor, 1971
1. Segure tudo (Martinho da Vila)
2. A Flor e o Samba (Candeia)
3. Camafeu (Martinho da Vila)
4. Pode encomendar o seu caixão (Cabana)
5. Dia Final (Ataulfo Alves)
6. Menina moça (Martinho da Vila)
7. Seleção de partido-alto (Viola de massaranduba: Geraldo Babão; Recordações de um batuqueiro: Xangô da Mangueira, J.Gomes; Misticismo da África ao Brasil: Mário Pereira, João Galvão, Wilmar Costa; Lapa em três tempos: Ary do Cavaco, Rubens; Poeira: Zuzuca, Benedito Reis; Cadê Miquilina: Tião Fuleiro, Wilson Diabo; Quero ver quebrar: Martinho da Vila)
8. Pra você, felicidade (Darci da Mangueira)
9. Quem pode, pode (Martinho da Vila)
10. O nosso olhar (Sérgio Ricardo)
11. Memórias de um sargento de milícias (Paulinho da Viola)

Batuque na cozinha
RCA Victor, 1972
1. Balança povo (Martinho da Vila)
2. Xô, chuva miúda (Martinho da Vila)
3. Na outra encarnação (Martinho da Vila)
4. Quem lhe disse que eu chorei? (Antonio Grande)
5. Marejou (Martinho da Vila)
6. Sambas de roda e partido-alto (tradicionais)
7. Batuque na cozinha (João da Baiana)
8. Maria da Hora (Martinho da Vila)
9. Onde o Brasil aprendeu a liberdade (Martinho da Vila)
10. Jubiabá (Martinho da Vila)
11. Saudade e samba (Martinho da Vila, Last)
12. Calango longo (Martinho da Vila)

Origens
RCA Victor, 1973
1. Tributo a Monsueto: Casa um da vila (Monsueto, Flora Mattos), Larga meu pé (Monsueto, Aloysio França), Eu quero essa mulher (Monsueto, José Batista), Me deixa em paz (Monsueto, Ayrton Amorim), Mora na filosofia (Arnaldo Passos, Monsueto), A fonte secou (Monsueto, Tufic Lauar, Mancléo), Lamento da lavadeira (Monsueto, Nilo Chagas, João Violão)
2. A hora e a vez do samba (Ailton, Paulinho, Gemeu)
3. Não Chora Meu Amor (Martinho da Vila)
4. Antonio, João e Pedro (Martinho da Vila)
5. Tudo Menos Amor (Walter Rosa, Monarco)
6. Requenguela (Martinho da Vila)
7. Pelo telefone (Mauro de Almeida, Donga)
8. O Caveira (Martinho da Vila)
9. Beto Navalha (João Nogueira)
10. A feira (Martinho da Vila, Murilão)
11. Som africano (tradicional angolano, adaptação de Martinho da Vila)
12. Fim de reinado (Martinho da Vila)

Canta, canta, minha gente
RCA Victor, 1974
1. Canta, canta, minha gente (Martinho da Vila)
2. Disritmia (Martinho da Vila)
3. Dente por dente (Martinho da Vila)
4. Tribo dos Carajás – Aruanã Açu (Martinho da Vila)
5. Malandrinha (Freire Júnior)
6. Renascer das cinzas (Martinho da Vila)
7. Patrão, prenda seu gado (Donga, Pixinguinha, João da Baiana)
8. Nêgo, vem cantar (Martinho da Vila)
9. Calango vascaíno (Martinho da Vila)
10. Visgo de jaca (Sergio Cabral, Rildo Hora)
11. Viajando (Martinho da Vila)
12. Festa de Umbanda (tradicional afro-brasileira, adaptação de Martinho da Vila)

Maravilha de cenário
RCA Victor, 1975
1. Aquarela brasileira (Silas de Oliveira)
2. Você não passa de uma mulher (Martinho da Vila)
3. Tempo de menino (Edgar Ferreira)
4. Andando de banda (Sergio Cabral, Rildo Hora)
5. Lá na roça (Mês de Maria) (Alvarenga, Candeia)
6. Maré mansa (Paulinho da Viola, Martinho da Vila)
7. Salve a mulatada brasileira (Martinho da Vila)
8. Verdade verdadeira (Martinho da Vila)
9. Cresci no morro (Martinho da Vila)
10. Hino dos Batutas de São José (João Santiago)
11. Se algum dia (Martinho da Vila)
12. Glórias gaúchas (Martinho da Vila)

Rosa do povo
RCA Victor, 1976
1. Claustrofobia (Martinho da Vila)
2. João e José (Martinho da Vila, João Nogueira)
3. Não tenha medo, amigo (Martinho da Vila)
4. A invenção de Orfeu (Irany, Paulo Brasão, Rodolfo)
5. História da liberdade no Brasil (Aurinho da Ilha)
6. Coisa Louca (Martinho da Vila)
7. Chorar não cabe agora (Martinho da Vila, Leci Brandão)
8. Quem me dera (Candeia)
9. Piquenique (Martinho da Vila)
10. Choro chorão (Martinho da Vila)
11. Ai, que saudade que eu tenho (Martinho da Vila)

Presente
RCA Victor, 1977
1. Vai ou não vai (Martinho da Vila)
2. Iemanjá, desperta! (Martinho da Vila)
3. Mangueirense Feliz (Zagaia, Moacyr)
4. Daqui pra lá... de lá pra cá (Martinho da Vila)
5. Cordas e correntes (Martinho da Vila)
6. Quero, quero (Martinho da Vila)
7. Manteiga de garrafa (Martinho da Vila)

8. As festas (anezio)
9. Timidez (Martinho da Vila)
10. Mudiakime (Landa, Bonga)
11. É cacheado (Martinho da Vila)
12. Oi, compadre (Martinho da Vila)

Tendinha
RCA Victor, 1978
1. Minha comadre (Martinho da Vila)
2. Garçom (Cabana)
3. Zé Ferreira (Neoci, Jorge Aragão)
4. Trepa no coqueiro (Martinho da Vila, Tião Graúna)
5. Poeira do caminho (Mário Pereira)
6. Chora viola, chora (Carlito Cavalcanti, Nilton Santa Branca)
7. Mulata faceira (Martinho da Vila)
8. Amor não é brinquedo (Martinho da Vila, Candeia)
9. Que pena, que pena (Martinho da Vila, Gracia do salgueiro)
10. Deixa serenar (Sidney da Conceição, Castelo)
11. Nem a Lua (Martinho da Vila, Noca, Charlote)
12. O pior é saber (Valter Rosa)
13. Se eu errei (Tolito)
14. Deixa a Maria sambar (Paulo Brazão)

Terreiro, sala e salão
RCA Victor, 1979
1. Deixa a fumaça entrar (Martinho da Vila, Beto Sem Braço)
2. No embalo da Vila (Martinho da Vila)
3. Saideira (Martinho da Vila, Paulo César Pinheiro)
4. Ou tudo ou nada (Martinho da Vila, Paulo César Pinheiro)
5. Eterna paz (Leonilda do Candeia, Martinho da Vila)
6. Assim não, Zambi (Martinho da Vila)
7. Pensar (Martinho da Vila)
8. Diz que tamos (Cláudio Cavalcanti, Martinho da Vila)
9. Salão de carnaval: Pierrot apaixonado (Noel Rosa, Heitor dos Prazeres), A jardineira (Benedito Lacerda, Humberto Porto), Mal me quer (Newton Teixeira, Cristóvão de Alencar) Florisbela (Nássara, E. Frazão), Aurora (Roberto Roberti, Mário Lago), Uma andorinha não faz verão (João de Barro, Lamartine Babo), Linda

lourinha (João de Barro) O teu cabelo não nega (Lamartine Babo, Irmãos Valença), Bandeira branca (Max Nunes, Laércio Alves), Saca-rolha (Zé da Zilda, Zilda do Zé, Waldyr Machado), Cachaça (Mirabeau, L. Castro, H. Lobato, Marinosio Filho), Cidade maravilhosa (André Filho)

Década de 1980

Samba enredo
RCA Victor, 1980
1. Quatro séculos de modas e costumes – Vila Isabel, 1968 (Martinho da Vila)
2. As três capitais – Imperatriz Leopoldinense, 1965 (Bidi)
3. Sublime pergaminho – Unidos de Lucas, 1968 (Nilton Russo, Zeca Melodia, Carlinhos Madrugada)
4. Benfeitores do universo – Cartolinhas de Caxias, 1953 (Hélio Cabral)
5. O grande presidente – Mangueira, 1956 (Padeirinho)
6. Machado de Assis – Boca do Mato, 1959 (Martinho da Vila)
7. Chico Rei – salgueiro, 1964 (Geraldo Babão, Binha, Djalma Sabiá)
8. Legados de Dom João VI – Portela, 1957 (Picolino, Waldir 59, Candeia)
9. Dia do Fico – Beija-Flor, 1958 (Cabana)
10. Os cinco bailes da história do Rio – Império Serrano, 1965 (Ivone Lara, Bacalhau, Silas de Oliveira)
11. Amazônia, inferno verde – Filhos do Deserto, 1956 (Zinco, Darcy Caxambu)
12. Ao povo em forma de arte – Quilombo, 1978 (Wilson Moreira, Nei Lopes)

Portuñol latinoamericano
RCA Victor, 1980
1. Disritmia (Martinho da Vila)
2. Pedro Ninguém (Piero, José)
3. Vas o no vas (Martinho da Vila)
4. Renascer de las cenizas (Martinho da Vila)
5. Para que dinero (Martinho da Vila)

6. Anacaoana (C. Curet Alonso)
7. Agradeço à vida (Violeta Parra)
8. Tono mayor (Martinho da Vila)
9. Canta, canta, canta, gente (Martinho da Vila)
10. A mulher que eu quero (Joan Manuel Serrat)
11. Mundo raro (José Alfredo Geménez)

Sentimentos
RCA Victor, 1981
1. Ex-amor (Martinho da Vila)
2. Meu país (Rildo Hora, Martinho da Vila)
3. Olha lá... Olha lá... (Martinho da Vila)
4. Calango da Lua (Martinho da Vila)
5. Todos os sentimentos (Martinho da Vila)
6. Só em Maceió (Martinho da Vila)
7. Me faz um dengo (Zé Catimba, Martinho da Vila)
8. Graça divina (Luiz Carlos da Vila, Martinho da Vila)
9. Depois não sei (Martinho da Vila)
10. Daquele amor, nem me fale (Martinho da Vila, João Donato)
11. Noite cheia de estrelas (Cândido das Neves)
12. Velha Chica (Valdemar Bastos)

Verso e reverso
RCA Victor, 1982
1. Êta mundo grande (Martinho da Vila)
2. Cirandar (Martinho da Vila, João de Aquino)
3. Festa pros olhos (Zé Catimba, Martinho da Vila)
4. Lua de fustão (Hermínio Bello de Carvalho, Martinho da Vila)
5. Gaiolas abertas (Martinho da Vila, João Donato)
6. Isto é o amor (Martinho da Vila)
7. Efeitos da evolução (Aluizio Machado)
8. Pensando bem (Martinho da Vila, João de Aquino)
9. Reversos da vida (Martinho da Vila)
10. Cravo branco (Paulo Vanzolini)
11. Mãe solteira (Jorge de Castro, Wilson Batista)
12. De pai pra filha (Martinho da Vila)

Novas palavras
RCA Victor, 1983
1. Balaio de gato e de rato (Cabana, Martinho da Vila)
2. Partido alto da antiga: Um caso sério (Martinho da Vila), Partideiro famoso (Aniceto), Sua filha (Aniceto)
3. Conflito anterior (Martinho da Vila, João de Aquino)
4. Vieram me contar (Mateus, Dadinho, Martinho da Vila)
5. Roda de samba de roda: Xodó de mãe (Tião Motorista, Martinho da Vila), Paquete da Sobara (Martinho da Vila, Tião Motorista) Micareta (Martinho da Vila, Tião Motorista), Pega na galha (Tião Motorista, Martinho da Vila)
6. Linda Madalena (Martinho da Vila)
7. Salgueiro na avenida (Martinho da Vila)
8. À volta da fogueira (Rui Mingas, Manoel Rui, Martinho da Vila)
9. Negros odores (Rildo Hora, Martinho da Vila)
10. Foi ela (Ana Maria Mascaranhas, Adelino Tavares)
11. Festa de candomblé (tradicional afro-brasileiro, adaptação de Martinho da Vila)
12. Clara Nunes (Aluizio Machado, Ovídio Bessa)

O canto livre de Angola
RCA Victor, 1983
(show com músicos angolanos, realizado na Sala Cecília Meireles, RJ; os nomes são dos intérpretes)
1. Mon'ami – Carlos Burity
2. Rapsódia de semba – Joy Artur, Pedrito, Carlos Burity, Dina Santos
3. Makezu – André Mingas
4. Humbiumbi – André Mingas, Filipe Mukenga
5. Morro da Maianga – André Mingas
6. Lemba – Filipe Mukenga
7. Ka-Kinhetu – Robertinho
8. Kalumba – Elias Diá Kimuezo
9. Violão e percussão – Carlito Vieira Dias
10. Ngi Tabule – Rodolfo Kituxi
11. Endjomba – Paulo Kaita
12. Os brasileiros – Mestre Geraldo
13. Velha Chica – Dona Sofia, Waldemar Bastos, Mestre Geraldo

Martinho da Vila Isabel
RCA Victor, 1984
1. Minha viola (Noel Rosa)
2. Boa noite (Martinho da Vila), Nem a Lua (Martinho da Vila, Noca, Charlote), Vem pro samba, meu amor (Diógenes), Quando o ensaio começar (Zé Branco, Lolote)
3. Santo Antônio padroeiro (Jorge King, Rodolfo)
4. Na aba (Nei Silva, Trambique, Paulinho Correia)
5. Rivalidade (Tuninho 70, Jorge King, João Quadrado, Rodolfo)
6. Pra tudo se acabar na quarta-feira (Martinho da Vila)
7. Sempre a sonhar (Ruy Quaresma, Martinho da Vila)
8. Fala mulato (Alcebíades Nogueira, Ataulfo Alves), Graça divina (Martinho da Vila, Luiz Carlos da Vila), Renascer das cinzas (Martinho da Vila) No embalo da Vila (Martinho da Vila)
9. Flor dos tempos (Ruy Quaresma, Nei Lopes)
10. Paulo Brazão – Vila Isabel (Paulinho da Vila, Jorge King, Nely Miranda, Dunga)
11. Sonho de um sonho (Tião Graúna, Rodolfo, Martinho da Vila)

Criações e recriações
RCA Victor, 1985
1. Recriando a criação (Zé Catimba, Martinho da Vila)
2. Polígamo fiel (Martinho da Vila)
3. Fica comigo mais um pouco (Gracia do Salgueiro, Martinho da Vila)
4. Ninguém conhece ninguém (Martinho da Vila)
5. Ê! Mana (Zé Catimba, Martinho da Vila)
6. Carnaval de ilusões (Gemeu, Martinho da Vila)
7. Muita luz (Martinho da Vila, João Donato)
8. Roda ciranda (Martinho da Vila)
9. Retrós e linhas (Hermínio Bello de Carvalho, Martinho da Vila)
10. Odilê, odilá (Martinho da Vila, João Bosco)
11. Traço de união (Martinho da Vila, João Bosco)
12. Semba dos ancestrais (Martinho da Vila, Rosinha de Valença)

Batuqueiro
RCA Victor, 1986
1. Rabo de cometa (Martinho da Vila)

2. Pagode da saideira (Gracia do Salgueiro, Duque do Surdo)
3. Cadê a farinha? (Serginho Meriti, Beto Sem Braço)
4. Diamante (Geovana)
5. Maria da Penha (Jorginho Saberás, Jaime Harmonia, Bonsucesso)
6. Batuca no chão (Assis Valente, Ataulfo Alves)
7. Fazendo a cabeça (Ruy Quaresma, Martinho da Vila)
8. Deus da música (Osório Lima)
9. Felicidade, o teu nome... uma favela (Leléu da Mangueira)
10. Água do rio (Nescarzinho, Noel Rosa de Oliveira)
11. O preço da traição (Cabana)
12. Bem no coração (Luiz Carlos da Vila, Martinho da Vila)

Coração de malandro
BMG Ariola, 1987
1. Que preta, que nega (Martinho da Vila)
2. Coração de malandro (Gracia do Salgueiro, Martinho da Vila)
3. Quiproquó (Afonso Romano de Santana, Affonso Romano de Sant'Anna, Rildo Hora)
4. Só na próxima semana (Martinho da Vila)
5. A carne é fraca (Ozorio Lima)
6. Nem deve pensar (Martinho da Vila)
7. Menina moça (Martinho da Vila)
8. Ai, ai, ai meu coração (Martinho da Vila)
9. Transando em Nova York (Rildo Hora, Martinho da Vila)
10. Pro amor de Amsterdam (Martinho da Vila, Rosinha de Valença)
11. A serra do Rola Moça (Mário de Andrade, Martinho da Vila)
12. Leila Diniz (Martinho da Vila, Nei Lopes)

Festa da raça
CBS, 1988
1. Seleção de sambas-enredo: Chica da Silva (Anescar Pereira, Noel Rosa de Oliveira) Rio Grande do Sul na festa do Preto Forro (Nilo Mendes, Dário Marciano) Ilu ayê (Cabana, Norival Reis)
2. Sol e chuva, casamento de viúva (Beto Sem Braço, Martinho da Vila)
3. Jaguatirica (Zé Catimba, Martinho da Vila)
4. Quem me guia (Serginho Meriti, Beto Sem Braço)
5. Mistura de raça (Roberto Serrão, Noca da Portela)

6. Kizomba, festa da raça (Jonas, Rodolfo, Luiz Carlos da Vila)
7. Liberdade pelo amor de Deus (Martinho da Vila)
8. Cafundó de Minas (Agrião, Gaúcho da Vila)
9. Bom dia minha flor (Rildo Hora, Martinho da Vila)
10. Tom maior (Martinho da Vila)
11. Axé pra todo mundo (Martinho da Vila)

O canto das lavadeiras
CBS, 1989
1. Pelos caminhos do som (Alceu Maia, Martinho da Vila)
2. Madalena do Jucu (tradicional, adapt. Martinho da Vila)
3. Congos do Espírito Santo (tradicional, adapt. Martinho da Vila)
4. Dancei (Argemiro)
5. Forrobodó (Wanda de Almeida)
6. Congada de Minas Gerais (tradicional, adapt. Martinho da Vila)
7. Pra Mãe Tereza (Beto Sem Braço, Martinho da Vila)
8. Folia de Reis (Martinho da Vila)
9. Beija, me beija, me beija (Zé Catimba, Martinho da Vila)
10. Bacamartes do Sergipe (tradicional, adapt. Martinho da Vila)
11. Meu boi vadiou (Alissou A. Motta)
12. Divino Santo Antônio (Roque Ferreira)

Década de 1990

Martinho da Vida
CBS, 1990
1. Amo e acho pouco (Flavinho, Zé Catimba, Martinho da Vila)
2. Cidadã brasileira (Martinho da Vila)
3. Planetário (Beto Sem Braço, Martinho da Vila)
4. Coco da vida (Martinho da Vila)
5. Me ama mô (Zé Catimba, Martinho da Vila)
6. Meu quinhão vida (Luiz Carlos da Vila, Martinho da Vila)
7. Vamos viver (Martinho da Vila)
8. Pensar (Martinho da Vila)
9. É hora de pintar (Martinho da Vila)
10. Me curei (Zé Catimba, Martinho da Vila)
11. Mundo raro (José Alfredo Geménez)

12. Adeus Mariana (Pedro Raimundo)
13. Rosinha dos Limões (Arthur Ribeiro)
14. Meu homem (Martinho da Vila)

Vai meu samba, vai
Sony, 1991
1. Vai meu samba, vai (Analimar, Martinho da Vila)
2. Eh, Brasil (Martinho da Vila)
3. No embalo do samba (Mané do Cavaco, Martinho da Vila)
4. Seleção de partido-alto (Martinho da Vila): Quem é do mar não enjoa; O pequeno burguês; Pra que dinheiro; Canta, canta, minha gente; Casa de bamba
5. Teatro brasileiro (Martinho da Vila)
6. Presença de Noel (Gracia do Salgueiro, Martinho da Vila)
7. Bossa nova (Martinho da Vila)
8. Voz do coração (Martinho da Vila)
9. Queria tanto lhe ver (Nelson Rufino, Martinho da Vila)
10. Ó minha amada (Cláudio Jorge, Martinho da Vila)
11. Pensamento que voa (Nelson Rufino, Martinho da Vila)

No templo da criação
Sony, 1992
1. Samba do trabalhador (Darcy da Mangueira)
2. Gbala – viagem ao Templo da Criação (Martinho da Vila)
3. Pandeiro e cavaquinho (Alceu Maia, Martinho da Vila)
4. Por causa de um cheiro de amor (Rildo Hora, Martinho da Vila)
5. Vida de pião (Beto Sem Braço, Martinho da Vila)
6. A nova onda (Martinho da Vila)
7. Platonismo (Mart'nália, Martinho da Vila)
8. Lá vou eu (Argemiro, Martinho da Vila)
9. De black-tie (Martinho da Vila, Zeca Pagodinho)
10. Benzedeiras guardiãs (Martinho da Vila, Rosinha de Valença)
11. Facho de luz (Nelson Rufino, Roberto Serrão)
12. Alô (Cláudio Jorge, Martinho da Vila)
13. Vascooo! (Martinho da Vila)

Escolas de samba-enredo: Vila Isabel
Sony, 1993
1. Quatro séculos de modas e costumes (1968 – Martinho da Vila), Iaiá do Cais Dourado (1969 – Martinho da Vila, Rodolfo), Glórias gaúchas (1970 – Martinho da Vila)
2. Pra tudo se acabar na quarta-feira (1984 – Martinho da Vila)
3. Sonho de um sonho (1980 – Martinho da Vila, Rodolfo, Graúna)
4. Raízes (1987 – Martinho da Vila, Ovídio Bessa)
5. Kizomba, festa da raça (1988 – Rodolfo, Luiz Carlos da Vila, Jonas)
6. Se esta terra, se esta terra fosse minha (1990 – Vilani Silva "Bombril", Antônio Grande, Jorge Tropical, Jorginho Pereira, Anninha Guedes)
7. Onde o Brasil aprendeu a liberdade (1972 – Martinho da Vila)
8. Carnaval de Ilusões (1967 – Martinho da Vila, Gemeu)
9. Invenção de Orfeu (1976 – Rodolfo, Paulo Brasão, Irani)
10. Gbala – viagem ao Templo da Criação (1993 – Martinho da Vila)

Ao Rio de Janeiro
Sony, 1994
1. Pãozinho de açúcar (Martinho da Vila)
2. Brasileiro (Mané do Cavaco, Martinho da Vila)
3. Carioquice (Martinho da Vila)
4. Amante do Rio (Martinho da Vila)
5. Vamos kizombar (Mart'nália, Agrião, J.C.Couto)
6. Sou carioca, sou do Rio de Janeiro (Gabriel o Pensador, Martinho da Vila), Pra tudo se acabar na quarta-feira (Martinho da Vila), Samba do avião (Tom Jobim), Cidadã brasileira (Martinho da Vila), Feitiço da Vila (Noel Rosa, Vadico)
7. Delírios (Zé Katimba, Martinho da Vila)
8. Samba da gema (Martinho da Vila, Nei Lopes)
9. Bem feliz (Claudio Jorge, Délcio Carvalho)
10. Fala Mart'nália (Jamil Joanes, Martinho da Vila)
11. Batacotando (Martinho da Vila)
12. Meu off Rio (Martinho da Vila)

Tá delícia, tá gostoso
Sony, 1995
1. Mulheres (Toninho Geraes)

2. Cuca maluca (Gracia do Salgueiro)
3. Namoradeira (Grazielle, Roque Ferreira)
4. Devagar, devagarinho (Eraldo Divagar)
5. Tá delícia, tá gostoso (Alceu Maia, Zé Catimba)
6. Por favor me ajude (Alceu Maia, Martinho da Vila)
7. Tô vendo que você me quer (Grazielle, Roque Ferreira)
8. Não rolou, mas vai rolar (Chocolate da Bahia, Nelson Rufino)
9. Um ai, ai pro meu amor (Paulinho da Aba, Agrião, Tunico Ferreira)
10. O gurufim do Cabana (Cabana): Todo mundo já sabia, O preço da traição, Garçom, Pode encomendar o seu caixão
11. A estrela brilha (Maurição, Beto Sem Braço)
12. Em memória de Candeia (Candeia): Dia de graça, Filosofia do samba, De qualquer maneira, Peixeiro granfino, Não tem veneno

Você não me pega
RGE, 1995
1. Preto Ferreira (Martinho da Vila)
2. A gaitinha entrou na roda (Rildo Hora)
3. Vou feriar (Rildo Hora, Martinho da Vila)
4. Menino perguntador (Rildo Hora, Martinho da Vila)
5. Anda, sai dessa cama (Rildo Hora, Martinho da Vila)
6. Tá com medo, chama o pai (Rildo Hora, Martinho da Vila)
7. Materno e paterno amor (Rildo Hora, Martinho da Vila)
8. Você não me pega (Rildo Hora, Martinho da Vila)
9. Cabriola (Rildo Hora, Martinho da Vila)
10. Menina de rua (Rildo Hora, Martinho da Vila)

Coisa de Deus
Sony, 1997
1. Minha e tua (Zé Katimba, Alceu Maia, Martinho da Vila)
2. Coisa de Deus (Martinho da Vila)
3. E se ela ligar? (Mané do Cavaco, Martinho da Vila)
4. Café com leite (Zé Katimba, Martinho da Vila)
5. Meu benzinho fez amor comigo (Zuzuca do Salgueiro, Martinho da Vila)
6. Nem ela, nem tu, nem eu (Walter Rosa, Picolino da Portela)
7. Nas águas de Amaralina (Nelson Rufino, Martinho da Vila)

8. Graças a Deus (Fernando César)
9. Mulher mãe das mães (Luiz Carlos da Vila)
10. Tá com medo, chama o pai (Rildo Hora, Martinho da Vila)
11. Feliz natal, Papai Noel (Martinho da Vila)
12. Prece ao sol (Martinho da Vila)
13. Já fiz promessa (Martinho da Vila)
14. Sincretismo religioso (Martinho da Vila)

Butiquim do Martinho
Sony, 1997
1. Sururu (Agrião, Gaúcho da Vila)
2. Qué amá mamãe (Martinho da Vila)
3. Êta mulher traiçoeira (Thiago Mocotó), Tô legal, chega (Thiago Mocotó)
4. Sintonia do amor (Agrião, Gaúcho da Vila)
5. Zé Rosa (Chico Nacaratti, André Correa)
6. Faz essa ginga (Nei Silva, Paulinho da Aba, Trambique)
7. Meu butiquim (Paulinho da Aba, Toninho Nascimento)
8. Se Deus quiser (Zé Catimba, Inácio), Roda da vida (Zé Catimba, Jorge Luiz)
9. Presença de Noel (Gracia do Salgueiro, Martinho da Vila), Feitiço da Vila (Vadico, Noel Rosa)
10. Falso pai de santo (Betinho da Balança, Monarco), Rabo de saia (Monarco, Betinho da Balança)
11. Sob a luz do candeeiro (Martinho da Vila, Nelson Cebola)

3.0 turbinado (ao vivo)
Sony, 1998
1. Batuque na cozinha (João da Baiana), Patrão, prenda o seu gado (Donga, Pixinguinha, João da Baiana), Pelo telefone (Donga, Mauro de Almeida)
2. Quem é do mar não enjoa (Martinho da Vila), Não chora, meu amor (Martinho da Vila), Segure tudo (Martinho da Vila)
3. Na aba (Ney Silva, Trambique, Paulinho Corrêa)
4. Vem chegando, chega mais (Martinho da Vila)
5. Quem foi que disse? (Zé Katimba, Martinho da Vila)
6. Se eu sorrir tu não podes chorar (Martinho da Vila, Zeca Pagodinho)
7. Pra poder te amar [Não deu pra segurar] (Dalmo Beloti)

8. Cama e mesa (Erasmo Carlos, Roberto Carlos)
9. Valsinha (Chico Buarque, Vinicius de Moraes)
10. Disritmia (Martinho da Vila), Ex-amor (Martinho da Vila)
11. Menina moça (Martinho da Vila)
12. Aquarela brasileira (Silas de Oliveira)
13. Makezu (Ruy Mingas, Viriato da Cruz)
14. Calango longo (Martinho da Vila)
15. Meu off Rio (Martinho da Vila)
16. Mulheres (Toninho Geraes), Minha e tua (Martinho da Vila, Zé Katimba, Alceu Maia)
17. Canta, canta minha gente (Martinho da Vila), Pequeno burguês (Martinho da Vila), Pra que dinheiro? (Martinho da Vila), Casa de bamba (Martinho da Vila)
18. Devagar, devagarinho (Eraldo Divagar), Madalena do Jucu (tradicional, adapt. Martinho da Vila)

O pai da alegria
Sony, 1999
1. Pro amor render (Roque Ferreira, Dudu Nobre)
2. Coração de louça (Toninho Geraes, Paulinho Rezende, Martinho da Vila)
3. O pai da alegria (Agrião, Martinho da Vila)
4. Assédio (Zé Katimba, Martinho da Vila)
5. Para de brincar comigo, mulher (Tunico Ferreira, Martinho da Vila)
6. Eu vi seu ex-amor (Roque Ferreira, Martinho da Vila)
7. Gavião calçudo (Pixinguinha)
8. Feitio de oração (Vadico, Noel Rosa) Para me livrar do mal (Francisco Alves, Noel Rosa, Ismael Silva) Estrela da manhã (Ary Barroso, Noel Rosa)
9. Luz do meu luar (Papacaça, Maria da Paz)
10. Amor pra valer (Papacaça, Salgadinho, Mito)
11. Nó de cipó (Tuninho Professor, Zé Katimba, Martinho da Vila)
12. Coisa louca (Martinho da Vila)
13. É difícil ser fiel (Tunico Ferreira, Martinho da Vila)
14. Forró do devagar (Jorginho Pereira, Eraldo Divagar, Martinho da Vila)

Década de 2000

Lusofonia
Sony, 2000
1. Lusofonia (Élton Medeiros, Martinho da Vila)
2. O morena, como é bom viajar (Roque Ferreira, Martinho da Vila)
3. Fazendo as malas (Rildo Hora, Martinho da Vila)
4. Hino da madrugada (Don Kikas)
5. Dança má mi criola (Tony Vieira, Martinho da Vila)
6. Tira mão da minha xuxa; Mus. inc.: Dona Mariana (tradicional de Guiné-Bissau, versão de Martinho da Vila)
7. Vamos cultivar (Bassopa)
8. Bacu (Luis Cabral, Juvenal Cabral, Jairo Barbosa, Carlos Barbosa)
9. Nutridinha [Nutridinha do Sal] (Goi)
10. Carambola (João Seria)
11. Lisboa menina e moça (Joaquim Pessoa, Ary dos Santos, Paulo de Carvalho, Fernando Tordo), O homem das castanhas (Paulo de Carvalho, Ary dos Santos)
12. Vasco da Gama (Martinho da Vila, Nei Lopes) Mus. Inc.: O guarani (Carlos Gomes)
13. Salve a mulatada brasileira (Martinho da Vila)
14. Viva Timor Leste (Rildo Hora, Martinho da Vila)

Martinho da vila, da roça e da cidade
Sony, 2001
1. Tô na roça e na cidade (Martinho da Vila)
2. Hoje tem amor (Toninho Geraes, Dunga, Martinho da Vila)
3. Nunca amei ninguém tão sexy (Roque Ferreira, Martinho da Vila)
4. Fogo na venta (Hermínio Bello de Carvalho, Martinho da Vila)
5. Penetrante olhar (Zé Katimba, Martinho da Vila, Zé Inácio)
6. Além do mais, eu te amo (Martinho da Vila, Noca da Portela, Luizinho To Blow)
7. Presente aos fãs (Ivan Lins, Martinho da Vila)
8. Estado maravilhoso cheio de encantos mil (Claudinho, Haroldo Filho, Jejê do Caminho, Miguel Bedê), Ai que saudade que eu tenho (Martinho da Vila)
9. A comida da Filó (Jonas, Martinho da Vila, Ivan da Wanda)

10. Dona Ivone Lara (Martinho da Vila)
11. Linha do ão (Martinho da Vila)
12. Mineiro-pau (Martinho da Vila)
13. Dança de palhaço (Martinho da Vila)
14. Festa de caboclo (tradicional afro-brasileira, adapt. Martinho da Vila)

Voz e coração
Sony, 2002
1. Nós dois (Sílvio César)
2. Quase (Mirabeau, Jorge Gonçalves)
3. Volta (Lupicínio Rodrigues), Por causa de você (Tom Jobim, Dolores Duran)
4. Você passa, eu acho graça (Ataulfo Alves, Carlos Imperial)
5. Apaga o fogo, mané (Adoniran Barbosa)
6. Lembranças (Benil Santos, Raul Sampaio)
7. Sonata sem luar (Fred Chateaubriand, Vinícius de Carvalho)
8. Rio de lágrimas [rio de Piracicaba] (Lourival Santos, Piraci, Tião Carreiro)
9. Chuá chuá (Pedro Sá Pereira, Ary Pavão)
10. Antonico (Ismael Silva)
11. Cabide de mulambo [João da Baiana, Patricio Teixeira]
12. Minha missão (João Nogueira), O poder da criação (Paulo César Pinheiro)
13. Chico Rei (Geraldo Babão, Djalma Sabiá, Binha)
14. Heróis da liberdade (Silas de Oliveira, Mano Décio, Manoel Ferreira)

Conexões
MZA/ Universal, 2003
1. Como você (Sarah Benchimol, Chico Anysio)
2. Femmes [Mulheres] (Toninho Geraes, versão de Martinho da Vila)
3. Ô nêga (Martinho da Vila) part.　especial: Sally Nyolo
4. Lentement [Devagar devagarinho] (Eraldo Divagar, versão de Martinho da Vila)
5. Minha amiga (Martinho da Vila)
6. Dysrythmie [Disritmia] (Martinho da Vila), Ex amour [Ex-amor] (Martinho da Vila)

7. Eu você, você eu (Martinho da Vila)
8. Pleures Caroline [Chora Carolina] (Roberto Leal, Márcia Lúcia; adaptação: Martinho da Vila)
9. Nem réu nem juiz (Martinho da Vila, Hermínio Bello de Carvalho)
10. Brinquei demais (Martinho da Vila)
11. Boemia [La Bohéme] (Jacques Plante, Charles Aznavour; versão: Martinho da Vila)
12. Pour qui tout termine mercredi [Pra tudo se acabar na quarta--feira] (Martinho da Vila) Part. especial: Denise Fraga
13. Vila Isabel (Martinho da Vila, Moacyr Luz)
14. Le petit bourgeois [O pequeno burguês] (Martinho da Vila), Chant chant mon peuple [Canta canta minha gente] (Martinho da Vila)

Brasilatinidade
MZA/EMI, 2005
1. Quando essa onda passar (Martinho da Vila)
2. Sob a luz do candeeiro (Martinho da Vila, Nelson Cebola)
3. Tempero do prazer (Martinho da Vila, Roque Ferreira)
4. Fetiche (Claudio Jorge, Martinho da Vila)
5. Dar e receber (Martinho da Vila) Part especial: Kátia Guerreiro
6. Quem tá com Deus não tem medo (Martinho da Vila)
7. Roda de samba no céu (Martinho da Vila)
8. Uma casa nos ares [La Casa en el aire] (Rafael Calixto Escalona, versão de Martinho da Vila) Part. especial: Rosário Flores
9. Suco de maracujá (João Donato, Martinho da Vila)
10. Um dia tu verás [Un jour tu verras] (Van Paris; Monlondji; versão de Martinho da Vila) Part. especial: Nana Moskouri
11. Mirra, Ouro e Incenso (Martinho da Vila, Hermínio Bello de Carvalho)
12. Eu não me canso de dizer (Martinho da Vila)
13. Um beijo, adeus [Primma Dammi un Bacio] (Lucio Dalla, versão de Martinho da Vila) Part. especial: Mafalda Minnozzi
14. Dentre centenas de mastros (Luciano Maia, Martinho da Vila)
15. Feitiço da Vila (Noel Rosa, Vadico)

Do Brasil e do mundo
MZA, 2007
1. Vou viajar (Arlindo Cruz, Martinho da Vila)
2. O amor da gente (Martinho da Vila, Roque Ferreira)
3. Ó que banzo, Preta (Martinho da Vila)
4. Te encontro no Ilê (Reizinho, Sílvio Almeida, Toinho do Vale, Davizinha) Part. especial: Band' Aiyê e Margareth Menezes
5. Nos amamos (Martinho da Vila)
6. Madeleine I love you [Madalena do Jucu] (tradicional, adapt. Martinho da Vila, versão de Teddy Hayes) Part. especial: Madeleine Peyrou
7. Copacabana (Braguinha, Alberto Ribeiro)
8. Nossos contrastes (Nelson Sargento, Martinho da Vila)
9. Dê uma chance ao amor [Take a chance on love] (Teddy Hayes; versão de Martinho da Vila)
10. Calumba [Kalumba] (Elias Dia Kimuezo; versão: Martinho da Vila)
11. Marcha de São Vicente (Raul Ferrão, Joaquim Frederico de Brito)
12. De volta ao Chantecler; Perseguidor; Violação (Getúlio Cavalcanti)
13. Por ti América (Martinho da Vila, Luiz Carlos da Vila, Fito Paez)
14. Glórias gaúchas (Martinho da Vila, Nei Lopes), Candongueiro (Wilson Moreira)
15. Filosofia de vida (Martinho da Vila, Marcelinho Moreira, Fred Camacho)

Década de 2010

Poeta da cidade
Biscoito Fino, 2010
1. Filosofia (Noel Rosa)
2. Minha viola (Noel Rosa) partic. Mart'nália
3. E não brinca não (Noel Rosa)
4. Rapaz folgado (Noel Rosa)
5. Seja breve (Noel Rosa)
6. Coisas nossas (Noel Rosa) partic. Analimar Ventapane
7. Fita amarela (Noel Rosa) partic. Aline Calixto

8. Três apitos (Noel Rosa) partic. Patrícia Hora
9. Século do progresso (Noel Rosa) partic. Ana Costa
10. Quando o samba acabou (Noel Rosa) partic. Analimar Ventapane
11. Último desejo (Noel Rosa) partic. Maíra Freitas
12. O X do problema (Noel Rosa) partic. Aline Calixto
13. Eu vou pra Vila (Noel Rosa)
14. Cidade mulher (Noel Rosa)

Filosofia de vida: o pequeno burguês
MZA, 2010
(trilha sonora do show realizado no Teatro FECAP, São Paulo-SP)
1. Filosofia de vida (Martinho da Vila, Marcelinho Moreira, Fred Camacho)
2. O pequeno burguês (Martinho da Vila)
3. Ô nêga (Martinho da Vila)
4. Linha do ão (Martinho da Vila)
5. Meu off Rio (Martinho da Vila)
6. Pra Mãe Tereza (Beto Sem Braço, Martinho da Vila)
7. Calumba [Kalumba] ((Elias Dia Kimuezo; versão: Martinho da Vila))
8. Vou viajar (Arlindo Cruz, Martinho da Vila)
9. Lisboa menina e moça (Joaquim Pessoa, Ary dos Santos, Paulo de Carvalho, Fernando Tordo)
10. Madalena do Jucu (tradicional, adapt. Martinho da Vila)
11. Aquarela brasileira (Silas de Oliveira)
12. Disritmia (Martinho da Vila)
13. Filosofia de vida (Martinho da Vila, Marcelinho Moreira, Fred Camacho) – Part. especial: Ana Carolina

Lambendo a cria
MZA, 2011
(gravação feita em estúdio, como homenagem à "Familia Musical" de Martinho – seu conjunto de apoio –, com participação de seus filhos)
1. Lambendo a cria (Martinho da Vila) – Martinho da Vila e Família Musical
2. Na minha veia (Martinho da Vila, Zé Catimba) – Martinho da Vila

3. Agradeço à vida [Gracias a la vida] (Violeta Parra, versão de Martinho da Vila) – Martinho da Vila e Paula Tribuzy
4. Todos os sentidos (Martinho da Vila) – Martinho da Vila e Gabriel de Aquino
5. Jobiniando (Martinho da Vila, Ivan Lins) – Martinho da Vila e Maíra Freitas
6. Lara (Martinho da Vila, Zé Catimba) – Martinho da Vila
7. O amor da gente (Martinho da Vila, Roque Ferreira); Casa de bamba (Martinho da Vila) – Martinho da Vila e Juju Ferreira
8. Vivo pra sentir teu prazer (Tunico Ferreira) – Tunico Ferreira
9. Que bom! (Martinho da Vila, Dudu Nobre) – Analimar Ventapane
10. Volante com cachaça não combina (Cláudio Jorge, Mauro Diniz) – Cláudio Jorge
11. Melô do Xavier (Martinho da Vila, Wanderson Martins) – Wanderson Martins, Paulinho Black
12. Cuca maluca (Gracia do Salgueiro) – Ovídio Brito
13. Filosofia de vida (Martinho da Vila, Marcelinho Moreira, Fred Camacho) – Marcelinho Moreira
14. Linha do ão; Calango vascaíno (Martinho da Vila) – Kiko Horta, Victor Neto
15. Noel – a presença do poeta (Martinho da Vila) – Martinho da Vila
16. Cruz e Souza, cria lambida (Martinho da Vila) – Martinho da Vila e Preto Ferreira

Martinho da Vila 4.5 atual
Sony, 2012
1. Menina moça (Martinho da Vila)
2. Boa noite (Martinho da Vila); Carnaval de ilusões (Gemeu, Martinho da Vila); Caramba (Martinho da Vila)
3. Casa de bamba (Martinho da Vila)
4. O pequeno burguês (Martinho da Vila)
5. Quatro séculos de modas e costumes (Martinho da Vila)
6. Iaiá do Cais Dourado (Martinho da Vila)
7. Quem é do mar não enjoa (Martinho da Vila)
8. Amor, pra que nasceu? (Martinho da Vila)
9. Brasil mulato (Martinho da Vila)
10. Tom maior (Martinho da Vila)

11. Pra que dinheiro? (Martinho da Vila)
12. Parei na sua (Martinho da Vila); Nhem, nhem, nhem (Cabana)
13. Grande amor (Martinho da Vila)
14. Samba dos passarinhos (Moacyr Luz, Martinho da Vila)
15. Pãozinho de açúcar (Martinho da Vila)
16. Partido-alto de roda (Martinho da Vila)

Sambabook
Musickeria/ Som Livre, 2013
(homenagem a Martinho com convidados interpretando suas músicas)
CD 1:
1. Quem é do mar não enjoa (Martinho da Vila) – Paulinho da Viola
2. Queria tanto lhe ver (Martinho da Vila, Nelson Rufino) – Diogo Nogueira
3. Disritmia (Martinho da Vila) – Luiz Melodia
4. Grande amor (Martinho da Vila) – Paula Lima
5. Meu laiaraiá (Martinho da Vila) – João Donato
6. Pra que dinheiro? (Martinho da Vila) – Pedro Luís
7. Roda ciranda (Martinho da Vila) – Pitty
8. Deixa a fumaça entrar (Martinho da Vila, Beto sem Braço) – Toni Garrido
9. Meu Off Rio (Martinho da Vila) – Tunico da Vila
10. Odilê, Odilá (João Bosco, Martinho da Vila) – Ana Costa
11. Na minha veia (Martinho da Vila, Zé Catimba) – Marcelinho Moreira
12. Pra tudo se acabar na quarta-feira (Martinho da Vila) – Casuarina
13. Tom maior (Martinho da Vila) – Martinho da Vila e Orquestra Petrobras Sinfônica

CD 2:
1. Menina moça (Martinho da Vila) – João Bosco
2. Ex-amor (Martinho da Vila) – Ney Matogrosso
3. Segure tudo (Martinho da Vila) – Mart'nália
4. Amor não é brinquedo (Candeia, Martinho da Vila) – Jair Rodrigues
5. Casa de bamba (Martinho da Vila) – Leci Brandão
6. O pequeno burguês (Martinho da Vila) – Zeca Baleiro
7. Madalena do Jucu (tradicional, adapt. Martinho da Vila) – Elza Soares

8. Fim de reinado (Martinho da Vila) – Maíra Freitas
9. Filosofia de vida (Martinho da Vila, Marcelinho Moreira, Fred Camacho) – Dorina
10. Renascer das cinzas (Martinho da Vila) – Moyseis Marques
11. Sonho de um sonho (Tião Graúna, Rodolfo, Martinho da Vila) – Fernanda Abreu e Bateria da Vila Isabel
12. Canta canta, minha gente (Martinho da Vila) – Martinho da Vila e Convidados
13. Pot-Pourri Abertura do Concerto Negro: Kizomba – festa da raça; Pra tudo se acabar na quarta-feira; Onde o Brasil aprendeu a liberdade; Iaiá do Cais Dourado; Sonho de um sonho; Zumbi dos Palmares, Zumbi; O pequeno burguês; Pra que dinheiro? (Martinho da Vila e outros) – Orquestra Petrobras Sinfônica

Enredo
Sarapuí, 2014
(sambas-enredos de Martinho da Vila nas Escolas de Samba Boca do Mato e Vila Isabel)
1. Carlos Gomes (Boca do Mato, 1957 – Martinho da Vila)
2. Noel, a presença do poeta da Vila (Vila Isabel, 2010 – Martinho da Vila) Partic. Maíra Freitas
3. Onde o Brasil aprendeu a liberdade (Vila Isabel, 1972 – Martinho da Vila); Sonho de um sonho (Vila Isabel, 1980 – Martinho da Vila, Rodolfo, Tião Graúna) Partic. Beth Carvalho
4. Por ti América (Vila Isabel, 2006, cortada – Martinho da Vila, Luiz Carlos da Vila); Pra tudo se acabar na quarta-feira (Vila Isabel, 1984 – Martinho da Vila) Partic. Maíra Freitas
5. Raízes (Vila Isabel, 1987 – Martinho da Vila, Anatazio de Oliveira Filho, Ovidio Bessa); Tribo dos Carajás [Aruanã Açu] (Vila Isabel, 1974, cortada – Martinho da Vila) Partic. Maíra Freitas
6. Carnaval de ilusões (Vila Isabel, 1967 – Martinho da Vila, Gemeu); Gbalá, viagem ao templo da criação (Vila Isabel, 1993 – Martinho da Vila) Partic. trio Trinca Própria
7. Machado de Assis (Boca do Mato, 1959 – Martinho da Vila)
8. Vila Isabel anos trinta (Vila Isabel, 1982, cortada – Luiz Carlos da Vila, Martinho da Vila); Ai, que saudades que eu tenho (Vila Isabel, 1977, cortada – Martinho da Vila) Partic. trio Trinca Própria

9. Quatro séculos de modas e costumes (Vila Isabel, 1968 – Martinho da Vila); Iaiá do Cais Dourado (Vila Isabel, 1969 – Martinho da Vila, Rodolfo); Glórias gaúchas (Vila Isabel, 1970 – Martinho da Vila) Partic. Juju Ferreirah e grupo Samba de Barão
10. De alegria pulei, de alegria cantei (Vila Isabel, 1986, cortada – Martinho da Vila); Teatro brasileiro (Vila Isabel, 1975, cortada – Martinho da Vila, Amilton Rocha) Partic. Tunico da Vila
11. Tamandaré (Boca do Mato, 1958 – Martinho da Vila); Rui Barbosa (Boca do Mato, 1960 – Martinho da Vila)
12. Trabalhadores do Brasil (Vila Isabel, 2008, cortada – Martinho da Vila, Leonel, Ivanísia)
13. Prece ao sol (Vila Isabel, 1997, cortada – Martinho da Vila); Iemanjá, desperta! (Vila Isabel, 1978, cortada – Martinho da Vila) Partic. Alcione
14. A Vila canta o celeiro do mundo (Vila Isabel, 2013 – Martinho da Vila, Arlindo Cruz, André Diniz, Leonel, Tunico da Vila)

De bem com a vida
Sony, 2016
1. Escuta, cavaquinho! (Martinho da Vila, Geraldo Carneiro)
2. Choro chorão (Martinho da Vila)
3. Danadinho danado (Zé Catimba, Martinho da Vila)
4. Amanhã é sábado (Martinho da Vila)
5. Samba sem letra (Martinho da Vila, Marcelinho Moreira, Fred Camacho)
6. Disritmou (Carlinhos Vergueiro, Martinho da Vila)
7. Do além (Arthur Maia, Martinho da Vila)
8. Daqui, de lá e de acolá! (Francis Hime, Olívia, Martinho da Vila)
9. Saravá, saravá! (Ivan Lins, Martinho da Vila)
10. Muita luz (João Donato, Martinho da Vila)
11. Alegria, minha alegria! (Martinho da Vila)
12. De bem com a vida (Martinho da Vila)
13. Sou brasileiro (Martinho da Vila)
14. Gratidão musical (Sereno, Martinho da Vila)

Vídeos

Incluem DVDs de shows, gravações especiais e filmes.

Conexões ao vivo
MZA/Universal, 2004
(show realizado no Canecão, Rio de Janeiro-RJ)
1. Menina moça, Casa de bamba, O pequeno burguês (Martinho da Vila)
2. Ex-amor [Ex-amour] (Martinho da Vila)
3. Minha amiga (Martinho da Vila)
4. Nem réu, nem juiz (Martinho da Vila, Hermínio Bello de Carvalho)
5. Femmes [Mulheres] (Toninho Geraes, versão de Martinho da Vila)
6. Boemia [La Bohéme] (Jacques Plante, Charles Aznavour; versão: Martinho da Vila)
7. Ô nêga (Martinho da Vila) Part. especial: Sally Nyolo
8. Semba dos ancestrais (Martinho da Vila, Rosinha de Valença)
9. Danadinho danado (Martinho da Vila, Zé Catimba)
10. Madalena do Jucu (tradicional, adapt. Martinho da Vila)

Brasilatinidade ao vivo
MZA/EMI, 2005
1. Sonho de um sonho (Tião Graúna, Rodolfo, Martinho da Vila)
2. Suco de maracujá (João Donato, Martinho da Vila)
3. Feitiço da Vila (Noel Rosa, Vadico)
4. Quando essa onda passar (Martinho da Vila)
5. Mirra, ouro e incenso (Martinho da Vila, Hermínio Bello de Carvalho)
6. Vai ou não vai (Martinho da Vila)
7. Devagar, devagarinho (Eraldo Divagar)
8. Fetiche (Claudio Jorge, Martinho da Vila)
9. Quem tá com Deus não tem medo (Martinho da Vila)
10. Roda de samba no céu (Martinho da Vila)
11. Sob a luz do candeeiro (Martinho da Vila, Nelson Cebola)
12. Quem lhe disse (Antonio Grande)
13. Aquarela brasileira (Silas de Oliveira)

Martinho José Ferreira (ao vivo na Suíça)
Universal, 2006
(três shows de Martinho da Vila no Montreux Jazz Festival)
FESTIVAL DE 1988:
1. Quem é do mar não enjoa, O pequeno burguês, Canta canta minha gente, Casa de bamba (Martinho da Vila)
2. Calango vascaíno, Êta mundo grande (Martinho da Vila)
3. Kizomba – festa da raça (Jonas, Rodolfo, Luiz Carlos da Vila)

FESTIVAL DE 2000:
4. O pai da alegria (Agrião, Martinho da Vila), Pro amor render (Roque Ferreira, Dudu Nobre)
5. Dança má mi criola (Toy Vieira; adaptação: Martinho da Vila)
6. Alguém me avisou (Ivone Lara), Tiê (Ivone Lara) Part. especial: Ivone Lara
7. Devagar devagarinho (Eraldo Divagar)

FESTIVAL DE 2006:
8. Feitiço da Vila (Noel Rosa, Vadico)
9. Suco de maracujá (João Donato, Martinho da Vila)
10. Disritmia (Martinho da Vila); Boemia [La Boheme] (Charles Aznavour, Jacques Plante; versão: Martinho da Vila)
11. Maravilha [Ara Ketu semente da memória] (Tonho Matéria) – Part. especial: Leci Brandão
12. Marcelinho pão e vinho (Luiz Carlos da Vila, Hermínio Bello de Carvalho) – Part. especial: Marcelinho Moreira e Leci Brandão
13. Devagar devagarinho (Eraldo Divagar) – Part. especial: Marcelinho Moreira e Leci Brandão
14. Asa Branca (Luis Gonzaga, Humberto Teixeira); O Ovo (Hermeto Paschoal)
15. Mulheres (Toninho Geraes)

O pequeno burguês
MZA, 2008
(show realizado no Teatro FECAP, São Paulo-SP)
1. Depois não sei (Martinho da Vila)
2. Linha do ão (Martinho da Vila)
3. Meu off Rio (Martinho da Vila)
4. Menina moça (Martinho da Vila)
5. Casa de bamba (Martinho da Vila)

6. Pra que dinheiro (Martinho da Vila)
7. O pequeno burguês (Martinho da Vila)
8. Quatro séculos de modas e costumes (Martinho da Vila)
9. Madrugada, carnaval e chuva (Martinho da Vila)
10. Iaiá do cais dourado (Martinho da Vila, Rodolfo)
11. Renascer das cinzas (Martinho da Vila)
12. Ex-amor (Martinho da Vila)
13. Jaguatirica (Zé Catimba, Martinho da Vila)
14. Carinhoso (Pixinguinha, João de Barro)
15. Na aba (Nei Silva, Trambique, Paulinho Correia)
16. No embalo do samba (Mané do Cavaco, Martinho da Vila)
17. Vou viajar (Arlindo Cruz, Martinho da Vila)
18. Lisboa menina e moça (Joaquim Pessoa, Ary dos Santos, Paulo de Carvalho, Fernando Tordo)
19. Meu país (Rildo Hora, Martinho da Vila)
20. Tom maior (Martinho da Vila)

Filosofia de vida: o pequeno burguês
MZA, 2010
(filme-documentário autobiográfico)
1. Filosofia de vida (Martinho da Vila, Marcelinho Moreira, Fred Camacho)
2. O pequeno burguês (Martinho da Vila)
3. Ô nêga (Martinho da Vila)
4. Um a zero (Martinho da Vila)
5. Linha do ão (Martinho da Vila)
6. Meu off Rio (Martinho da Vila)
7. Pra mãe Tereza (Beto Sem Braço, Martinho da Vila)
8. Calumba [Kalumba] (Elias Dia Kimuezo; versão: Martinho da Vila)
9. Vou viajar (Arlindo Cruz, Martinho da Vila)
10. Lisboa, menina e moça (Joaquim Pessoa, Ary dos Santos, Paulo de Carvalho, Fernando Tordo)
11. Madalena do Jucu (tradicional, adapt. Martinho da Vila)
12. Aquarela brasileira (Silas de Oliveira)
13. Disritmia (Martinho da Vila)
14. Filosofia de vida (Martinho da Vila, Marcelinho Moreira, Fred Camacho) – Part. Ana Carolina

Lambendo a cria
MZA, 2011
(gravação feita em estúdio, como homenagem à "Família Musical" de Martinho: Paulinho Black (bateria), Ivan Machado (baixo), Wanderson Martins (cavaquinho), Kiko Horta (acordeom e teclado), Cláudio Jorge (violão e guitarra), Gabriel de Aquino (violão), Victor Neto (sopros), Marcelinho Moreira e Tunico Ferreira (percussão) e Analimar, Juju e Paula Tribuzy (coro), além da participação de outros filhos do compositor)
1. Lambendo a cria (Martinho da Vila) – Família Musical
2. Jobiniando (Martinho da Vila, Ivan Lins) – Martinho da Vila e Maíra Freitas
3. Todos os sentidos (Martinho da Vila) – Martinho da Vila e Gabriel de Aquino
4. Vivo pra sentir seu prazer (Tunico Ferreira) – Tunico Ferreira
5. Agradeço à vida [Gracias a la vida] (Violeta Parra, versão de Martinho da Vila) – Martinho da Vila e Paula Tribuzy
6. Noel: a presença do poeta (Martinho da Vila) – Martinho da Vila
7. Linha do ão (Martinho da Vila), Calango vascaíno (Martinho da Vila) – Kiko Horta e Victor Neto
8. Roda de samba: Na minha veia (Martinho da Vila, Zé Catimba), Lara (Martinho da Vila, Zé Catimba), O amor da gente (Martinho da Vila, Roque Ferreira), Filosofia de vida (Martinho da Vila, Marcelinho Moreira, Fred Camacho), Volante com cachaça não combina (Cláudio Jorge, Mauro Diniz), Cuca maluca (Gracia do Salgueiro), Que bom! (Martinho da Vila, Dudu Nobre) Partic. de: Mart'nália, Juju Ferreira, Marcelinho Moreira, Cláudio Jorge, Ovídio Brito, Analimar Ventapane.

Sambabook
Musickeria/ Som Livre, 2013
(homenagem a Martinho com convidados interpretando suas músicas)
1. Quem é do mar não enjoa (Martinho da Vila) – Paulinho da Viola
2. Ex-amor (Martinho da Vila) – Ney Matogrosso
3. Casa de bamba (Martinho da Vila) – Leci Brandão
4. Queria tanto lhe ver (Martinho da Vila, Nelson Rufino) – Diogo Nogueira
5. Segure tudo (Martinho da Vila) – Mart'nália

6. Disritmia (Martinho da Vila) – Luiz Melodia
7. Meu laiaraiá (Martinho da Vila) – João Donato
8. Renascer das cinzas (Martinho da Vila) – Moyseis Marques
9. Deixa a fumaça entrar (Martinho da Vila, Beto sem Braço) – Toni Garrido
10. Odilê, Odilá (João Bosco, Martinho da Vila) – Ana Costa
11. O pequeno burguês (Martinho da Vila) – Zeca Baleiro
12. Filosofia de vida (Martinho da Vila, Marcelinho Moreira, Fred Camacho) – Dorina
13. Amor não é brinquedo (Candeia / Martinho da Vila) – Jair Rodrigues
14. Meu Off Rio (Martinho da Vila) – Tunico da Vila
15. Pra que dinheiro? (Martinho da Vila) – Pedro Luís
16. Roda ciranda (Martinho da Vila) – Pitty
17. Na minha veia (Martinho da Vila, Zé Catimba) – Marcelinho Moreira
18. Menina moça (Martinho da Vila) – João Bosco
19. Fim de reinado (Martinho da Vila) – Maíra Freitas
20. Grande amor (Martinho da Vila) – Paula Lima
21. Pra tudo se acabar na quarta-feira (Martinho da Vila) – Casuarina
22. Madalena do Jucu (tradicional, adapt. Martinho da Vila) – Elza Soares
23. Sonho de um sonho (Tião Graúna, Rodolfo, Martinho da Vila) – Fernanda Abreu e Bateria da Vila Isabel
24. Canta canta, minha gente (Martinho da Vila) – Martinho da Vila e Convidados
25. Pot-Pourri Abertura do Concerto Negro: Kizomba – festa da raça; Pra tudo se acabar na quarta-feira; Onde o Brasil aprendeu a liberdade; Iaiá do Cais Dourado; Sonho de um sonho; Zumbi dos Palmares, Zumbi; O pequeno burguês; Pra que dinheiro? (Martinho da Vila e outros) – Orquestra Petrobras Sinfônica
26. Tom maior (Martinho da Vila) – Martinho da Vila e Orquestra Petrobras Sinfônica

Enredo
Biscoito Fino, 2014
(sambas-enredos de Martinho da Vila nas Escolas de Samba Boca do Mato e Vila Isabel)

CAMPEÕES NA BOCA DO MATO:
1. Carlos Gomes (1957 – Martinho da Vila)
2. Tamandaré (1958 – Martinho da Vila); Rui Barbosa (1960 – Martinho da Vila)
3. Machado de Assis (1959 – Martinho da Vila)

CAMPEÕES NA VILA ISABEL:
4. Noel, a presença do poeta da Vila (2010 – Martinho da Vila) Partic. Maíra Freitas
5. Carnaval de ilusões (1967 – Martinho da Vila, Gemeu); Gbalá, viagem ao templo da criação (1993 – Martinho da Vila) Partic. trio Trinca Própria
6. Onde o Brasil aprendeu a liberdade (1972 – Martinho da Vila); Sonho de um sonho (1980 – Martinho da Vila, Rodolfo, Tião Graúna) Partic. Beth Carvalho
7. Raízes (1987 – Martinho da Vila, Anatazio de Oliveira Filho, Ovidio Bessa) Partic. Maíra Freitas
8. Quatro séculos de modas e costumes (1968 – Martinho da Vila); Iaiá do Cais Dourado (1969 – Martinho da Vila, Rodolfo); Glórias gaúchas (1970 – Martinho da Vila) Partic. Juju Ferreirah e grupo Samba de Barão
9. Pra tudo se acabar na quarta-feira (1984 – Martinho da Vila) Partic. Maíra Freitas
10. A Vila canta o celeiro do mundo (2013 – Martinho da Vila, Arlindo Cruz, André Diniz, Leonel, Tunico da Vila)

CORTADOS NA QUADRA (VILA ISABEL):
11. Prece ao sol (1997 – Martinho da Vila); Iemanjá, desperta! (1978 – Martinho da Vila) Partic. Alcione
12. Vila Isabel anos trinta (1982 – Luiz Carlos da Vila, Martinho da Vila); Ai, que saudades que eu tenho (1977 – Martinho da Vila) Partic. trio Trinca Própria
13. De alegria pulei, de alegria cantei (1986 – Martinho da Vila); Teatro brasileiro (1975 – Martinho da Vila, Amilton Rocha) Partic. Tunico da Vila
14. Por ti América (2006 – Martinho da Vila, Luiz Carlos da Vila) Partic. Maíra Freitas
15. Trabalhadores do Brasil (2008 – Martinho da Vila, Leonel, Ivanísia)
16. Tribo dos Carajás [Aruanã Açu] (1974 – Martinho da Vila) Partic. Maíra Freitas

Livros de Martinho da Vila

- **A rainha da bateria.** São Paulo: Lazuli, 2009. (livro infantil sobre uma menina que enfrenta preconceitos para seguir seu gosto pelo samba)
- **A rosa vermelha e o cravo branco.** São Paulo: Lazuli, 2008 (livro infantil sobre uma menina e sua ligação com a dança e o carnaval)
- **A serra do rola-moça.** Rio de Janeiro: ZFM, 2009. (romance de ficção que fala de amor, relacionamentos, separações e recomeços)
- **Barras, vilas & amores.** São Paulo: SESI, 2015 (romance de ficção combinado com ensaio histórico que resgata memórias de lugares, pessoas e músicas)
- **Conversas cariocas.** Rio de Janeiro: Malê, 2017 (coletânea de crônicas que, através da narrativa de experiências pessoais do autor, traçam um painel do contexto social, político, econômico e cultural do Brasil)
- **Fantasias, crenças e crendices.** Rio de Janeiro: Ciência Moderna, 2011 (romance que mistura ficção com ensaio histórico sobre a religiosidade brasileira)
- **Joana e Joanes: um romance fluminense.** Rio de Janeiro: ZFM, 1999 (romance de ficção, publicado em 1999 em Portugal pela Eurobrape, com o título *Romance fluminense*, e em 2012 na França, pela Divine, com o título *Joana et Joanes, romance dans l'état de Rio*)
- **Kizombas, andanças e festanças.** Rio de Janeiro: Léo Christiano, 1992 (romance autobiográfico, reeditado pela Record em 1998)
- **Memórias póstumas de Teresa de Jesus.** Rio de Janeiro: Ciência Moderna, 2002 (romance biográfico que fala sobre as raízes africanas do autor a partir da história de sua mãe; publicado em 2002 em Portugal pela Eurobrape)
- **O nascimento do samba.** Rio de Janeiro: ZFM, 2013 (livro infantil que fala sobre a origem do samba)
- **Ópera negra.** São Paulo: Global, 2001 (ensaio histórico combinado com romance de ficção em forma de ópera; publicado em 2013 na França, pela Divine, com o título *Opéra noir du Brésil*, sendo lançado no Sallon du Livre de Paris)
- **Os lusófonos** Rio de Janeiro: Ciência Moderna, 2006 (romance de ficção publicado em 2015 na França, pela Divine, com o título

Lusophonies: la langue portugaise dans le monde)
- **Sambas & enredos.** Rio de Janeiro: ZFM, 2013 (ensaio destinado ao público infanto-juvenil, que fala sobre os sambas-enredos criados pelo autor)
- **Vamos brincar de política?** São Paulo: Global, 1986 (livro de ficção com traços autobiográficos, destinado ao público infanto-juvenil)
- **Vermelho 17.** Rio de Janeiro: ZFM, 2007 (romance destinado ao público juvenil)